자비 실천의 길
사섭법

김현준 지음

❀효림

불교교리총서 ❻

자비 실천의 길 사섭법

초 판 1쇄 펴낸날   2014년 1월 17일
       3쇄 펴낸날   2018년 5월 2일

지은이 김현준
펴낸이 김연지
펴낸곳 효림출판사

등록일 1992년 1월 13일 (제2-1305호)
주 소 서울특별시 서초구 반포대로14길 30, 907호 (서초동, 센츄리 I)
전 화 02-582-6612, 587-6612
팩 스 02-586-9078
이메일 hyorim@nate.com

값 6,000 원

ⓒ 효림출판사 2014
ISBN   978-89-85295-87-1   03220

서 문

불교는 자비의 종교입니다. 나만 행복해지고 나만 깨닫는 종교가 아니라, 서로가 서로를 살리면서 함께 행복해지고 함께 깨닫는 종교입니다.

그렇다면 함께 살아나게 하고 함께 행복해지고 함께 깨닫도록 하는 불교의 가르침은 무엇일까요? 바로 사섭법四攝法입니다. 보시섭布施攝·애어섭愛語攝·이행섭利行攝·동사섭同事攝의 넷으로 이루어진 사섭법입니다.

이 사섭법이 사성제·팔정도·육바라밀 등의 교리 밑에 감추어져 사람들에게 널리 알려져 있지는 않지만, 일찍이 부처님께서는 '나와 남을 평화롭고 행복하게 만들려면 꼭 사섭법을 실천해야 한다'고 강조하셨습니다. 곧 소승·대승을 가릴 것 없이, 이 사섭법에 준하여 뭇 생명 있는 이들을 살아나게 하고 행복하게 만들고 깨어나는 삶을 살 수 있게끔 해야 한다고 가르쳤던 것입니다.

사실 사섭법은 어려운 교리가 아닙니다. 물질적·정신

적·육체적으로 베푸는 보시섭, 사랑이 깃든 말로써 희망과 용기를 북돋우는 애어섭, 함께 이익을 나누고 함께 살아나는 이행섭, 깨달음의 불사를 함께 이루어가는 동사섭을 어렵다고 할 이가 어디에 있겠습니까?

그러나 이 넷의 실천은 그리 쉽지 않습니다. 그러므로 세상을 가장 잘 살 수 있게 하는 방법을 담은 이 네 단어를 평소에 늘 새기고 또 새기면서 실천의 길로 나아가야 합니다. 실천을 하여 함께 살아나고 깨어나고 행복해져야 합니다.

부처님께서 참으로 중요하게 여겼던 사섭법 교리. 그런데도 이 사섭법을 자세히 풀이한 글이나 책은 어디에도 없었습니다. 하여 지난해 1월에서 8월까지 월간 「법공양」에 여덟 번을 연재하면서, 보시·애어·이행·동사섭이 필요한 까닭에서부터 그 단어 속에 깃든 의미, 어떻게 하여야 사섭법을 잘 실천하고 잘 성취할 수 있는

지, 삶 속에서의 응용방법 등을 열심히 열심히 풀이해 보았습니다.

다시 한 번 강조하건데 사섭법은 나·가정·이웃·사회·국가·인류·세계 모두를 살리고 깨어나게 하는 방법이요, 평화롭고 행복하게 만드는 자비 실천의 길입니다. 비록 부족한 글이나마 평화와 행복을 담는 사섭법을 실천하는데 조그마한 보탬이라도 되었으면 하는 마음 간절합니다.

아울러 사섭법의 실천을 통하여 진정한 행복과 평화를 성취하기를 두 손 모아 축원드리옵고, 책을 쓴 이 조그마한 공덕을 연수·연지 두 딸의 밝고 바르고 평화로운 앞길에 회향합니다.

나무마하반야바라밀.

불기 2558년 1월 성도재일에
김현준 합장

차 례

보시섭布施攝

큰 복을 담는 보시

무재칠시無財七施와 법보시

평화로움을 안겨주는 무외시

보시의 참뜻과 무주상보시

큰 복을 담는 보시

언제 편안히 쉬면서 인생을 즐길까

매년 연말 연시가 되면 '묵은해가 가고 새해가 밝아온다'고들 합니다. 묵은해를 비추던 태양과 새해를 비추는 태양은 다를 바가 없건만, 사람들은 해가 바뀔 때마다 가슴 설레며 희망을 품고 새로운 뜻을 마음에 담습니다. 그리고 서로들 인사를 합니다.

"새해 복 많이 받으시고 소원 성취 하십시오."

"부자 되십시오."

왜 이와같은 인사를 하는 것일까요? 해가 바뀌기 때문에? 아닙니다. '행복해지고 싶고, 부자가 되고 싶고, 소원 성취를 바라는 우리들의 마음이 새해 인사를 통하여 표출되고 있는 것일 뿐입니다.

그럼 이와같은 인사를 하고, 늘 행복을 바란다고 하여 행복과 돈이 나에게로 오게 되는가? 아닙니다. 행복은 그냥 오는 것이 아닙니다. 부富도 마찬가지입니다. 복을 담고 부를 담을 수 있는 그릇을 갖추어야 복이 들어오고 부자가 될 수 있습니다. 평화로움과 성취와 영광을 누릴 수 있습니다.

물론 부자가 된다고 하여, 돈이 있다고 하여 행복해지는 것은 아닙니다. 탐욕의 복, 욕심으로 이룬 부는 오히려 우리를 불행하게 만듭니다. 먼저 돈 이야기, 부자 이야기부터 해봅시다.

자본주의 사회에서는 모든 문제가 돈에서 비롯됩니다. 그래서 어른 아이 할 것 없이 돈에 대한 생각을 많이 합니다. 아직은 본격적으로 사회에 뛰어들지 않은 젊은이들까지도 '돈이 많이 있었으면 좋겠다', '부자가 되었으면 좋겠다'고 합니다. 그러한 이들에게 나는 즐겨 되묻습니다.

"돈 많이 벌어서 부자가 되면 무엇을 할 건데?"

"맛있는 것 마음대로 먹고, 좋은 집과 멋진 차를 사고, 세계여행도 갈 거예요. 그리고 여유가 되면 남도 도와주고요."

"그렇게 살기 위해서는 얼마나 많은 돈을 벌어야 할까? 구체적인 금액을 이야기해 보아라."

이렇게 다시 질문을 하면, 본격적으로 돈벌이를 하거나 많은 돈을 써본 경험이 없어서인지 선뜻 액수를 대지 못하고 머뭇거립니다. 나는 계속해서 구체적인 질문을 던집니다.

"어느 지역의 어떤 집에서 살고 싶니? 그와 같은 집을 사기 위해서는 얼마의 돈이 필요할까?"

"타고 싶은 멋진 차는 뭐지? 그 멋진 차의 가격은 어느 정도 하는데?"

"여행은 언제 몇 개국이나 다닐 것이며, 경비는 얼마정도 들까?"

"어떤 사람을 돕고자 하느냐? 그들이 필요로 하는 것은 무엇이며, 돕는 데는 얼마만큼의 돈이 필요할 것 같으냐?"

이렇게 차근차근 물어보면 어느 것 하나도 명확하게 대답을 하지 못합니다. 구체적으로 계산을 해보지 않았기 때문일 것입니다. 남들로부터 주입을 받았거나 스스로 작정하였던 것을 하고 싶어 하고, 그와 같은 욕망을 충족시키기 위해 그냥 막연하게 '돈 많이 벌고 싶다'고 한 것입니다.

그들은 또 한 가지를 더 말합니다. 그 돈의 액수가 '많으면 많을수록 좋다'는 것입니다.

'돈 많이 벌겠다. 부자가 되겠다'는 그 막연한 희망은 사회에 나와 돈벌이를 하고 가정생활을 하면서 한 풀 꺾이기 마련입니다. 그러나 부자가 되었으면 하는 욕망만은 계속 남아 있습니다. 그래서 자꾸자꾸 돈을 벌고자 합니다.

바로 그것이 문제입니다. 돈에 대한 욕망이 '나'를 자꾸만 힘든 길로 몰아갑니다. 이 때문에 돈을 많이 벌었다고 해도 진정한 행복과 평화로움이 아니라, '돈! 돈! 돈!' 하면서 더욱 더 돈을 추구하는 쪽으로만 나아가는 것입니다. 돈 욕심에 사로잡혀, 그 욕심에서 파생된 불안하고 불행한 삶 속으로 빠져 들어가게 되는 것입니다.

돈을 제법 모으게 된 사업가 한 분이 부동산 투자를 하겠다며 바쁜 시간을 쪼개어 개발예정지인 어촌 마을을 찾았습니다. 그는 심각하면서도 예리한 눈매로 여기저기를 둘러보다가, 배 옆에 드러누워 만족스런 표정으로 휘파람을 불고 있는 한 어부를 보았습니다.

"좋은 일이 있나 봅니다."

"특별히 좋은 일도 나쁜 일도 없습니다."

"그럼 배를 여러 척 가지고 있는 부자인가요?"

"내 전 재산은 이 배 한 척뿐이라오."

어부가 볼품없는 작은 배를 가리키자, 사업가는 이해를 할 수 없다는 듯이 얼굴을 찡그리며 다그치듯 물었습니다.

"그런데 왜 고기를 잡으러 안 나가시오?"

"오늘 몫은 이미 넉넉히 잡았습니다."

"더 많이 잡으면 좋지 않소?"

"더 많이 잡아 뭘 하게요?"

"돈을 많이 벌 수 있지 않습니까? 그리고 그 돈으로 배에 좋은 모터를 달고 그물도 큰 것으로 갈면 먼 곳까지 나가서 고기를 더 많이 잡게 될 것이고, 더 많은 돈을 벌어 어선 한 척을 더 살 수 있지 않겠소? 그렇게 하다보면 당신도 나처럼 부자가 될 수 있을 것입니다."

"부자가 되고 나서는 뭘 하지요?"

"그 다음에는 편안히 쉬면서 삶을 즐겨야지요!"

그러자 어부가 빙긋이 웃으며 말했습니다.

"사장님의 눈에는 지금 내가 무엇을 하고 있는 것

처럼 보입니까?"

어부는 지금 바로 이 자리에서 그 자신이 편안히 쉬면서 삶을 즐기고 있다는 것을 깨우쳐 준 것입니다.

§

돈 벌이에 집착을 하고 있는 이 사업가 역시 돈을 버는 목적은 '많은 돈을 벌어 편안히 쉬면서 삶을 즐기겠다' 는 것입니다. 그러나 실제로 편안히 쉬면서 삶을 즐기는 사람은 누구입니까? 사업가입니까, 어부입니까?

당연히 그 사람은 어부요 앞으로도 어부는 그와 같이 살겠지만, 욕심 많은 사업가는 앞으로의 그 어느 날도 편안히 쉬면서 인생을 즐기기가 어려울 것입니다.

돈이란?

물론 누구든지 잘 먹고 잘 입고 잘 살기 위해서는 재물이 있어야 합니다. 돈이 있어야 마음에 드는 것을 사고 즐기면서 살 수 있습니다. 그러나 재물에 대한 욕심이 나의 행복한 앞길을 가로막아 버리는 경우는 예상 외로 많습니다.

곧 돈의 맛을 알고 탐욕에 사로잡히다 보면 '돈의 노예'가 되고, 돈이라면 물불조차 가리지 못하게 되고 맙니다. 특히 남의 복을 빼앗아 내 것으로 만들게 되면 일시적으로는 풍요롭게 느껴지지만, 결국에는 모든 것이 나를 떠나가 한없는 불행 속으로 잠겨들게 되는 것입니다.

매스컴을 통하여 수많은 사건들을 접하다 보면 이 세상이 갈수록 험악해지고 끔찍해지고 있음을 느끼게 됩니다. 그리하여 모두가 불안에 떨게 됩니다.

그런데 이 사건들은 무엇 때문에 일어나고 있습니까? 대부분은 재물 때문에 일어나고 있습니다. 돈을 '나'의 것으로 만들겠다는 탐욕이 불씨가 되어 어린 아이를 납치하기도 하고, 자식이 부모를 죽이기까지 합니다. 가끔씩 온 나라 사람들을 불안으로 몰아넣는 대형사고 또한 남의 생명보다는 돈벌이를 더 중요시하는 기업의 그릇된 경영윤리에서 비롯된 것일 때가 많습니다.

그러나 이렇게 남의 생명을 경시하면서까지 돈을 추구하게 되면, 그 돈은 바로 지옥의 문을 여는 열쇠요, 그 돈을 위해 사는 사람은 이미 지옥의 문턱에 서 있는 것이나 다를 바가 없습니다.

가만히 주위를 돌아보십시오. 아무리 가까운 사이라도 돈 문제만 개입되면 인정사정을 두지 않는 이들이 많습니다. 설령 내일 당장 원수가 될지언정 안면을 몰수하고 돈을 받아내기에 바쁩니다.

어려운 사정 때문에 돈을 빌렸다가 눈덩이 같은 이자를 물고 집과 재산을 날린 사람이 어찌 적다고 하겠습니까? 은행 등 공공기관에서조차 정해 놓은 날짜에서 하루만 지나도 절대로 봐주지 않고, 인정사정 없이 빨간 딱지를 붙이면서 차압을 하고 집을 경매에 넘겨버립니다.

더욱이 이자 받을 날만 되면 일부러 피했다가 때가 되면 남의 집까지 빼앗아버리는 사기꾼도 판을 치고 있습니다. 이 정도에 이르면 그들은 악마의 권속과 다를 바가 없습니다.

그런데 곰곰이 한 번 생각을 해보십시오. 과연 이 모든 문제의 책임이 그들에게만 있다고 주장할 수 있겠습니까? 분명 아닐 것입니다. 돈에 대한 가치관이 올바르게 정립되어 있지 않은 우리들 또한 그 책임을 면하기는 어려울 것입니다.

　누구든지 진정으로 평화롭고 즐겁고 행복하게 살고자 한다면 돈에 대한 가치관을 분명히 확립해야 합니다. 돈에 집착을 하고 지나친 욕심으로 돈을 끌어 모아서는, 평화로움도 진정한 행복도 결코 이룰 수 없다는 것을 분명히 알아야 합니다.

　그럼 무엇입니까? 돈이 나쁘다는 것입니까? 아닙니다. 돈은 나쁜 것도 좋은 것도 아닙니다. 단지 어떻게 쓰느냐? 그 쓰는 사람의 마음가짐에 따라 돈은 좋게도 나쁘게도 바뀝니다. 때문에 부처님께서는 '돈을 잘 쓸 수 있는 사람이라면 얼마든지 많은 돈을 가져도 좋다'고 하셨습니다.

❀

　평소에 외로운 이들을 잘 돕기로 유명한 사람, 그리고 기원정사를 지어 부처님을 모시고 스님들이 잘 수행할 수 있도록 하였던 수달타 장자는 어느 날 생각에 잠겼습니다.

'부처님과 큰 제자들은 단 한 푼의 재물도 지니고 있지 않다. 그런데도 너무나 평화롭고 행복한 모습으로 살고 계신다. 이는 재물이 평화와 행복과는 무관하다는 것을 보여주는 것이리라. 그렇다면 많은 재물을 가지고 있는 나는 과연 어떻게 해야 하는가? 재물을 모으고 관리하는 것도 결코 쉬운 일이 아닌데….'

이렇게 생각한 수달타 장자는 부처님을 찾아뵙고 진심을 털어 놓았습니다.

"부처님, 저는 진정한 평화와 행복과 해탈을 얻고 싶습니다. 만약 평화와 해탈을 얻는데 재물이 방해가 된다면, 저는 전 재산을 다 버릴 것이옵니다."

이에 부처님께서는 미소를 지으며 답했습니다.

"수달타 장자여, 왜 재산을 버리려고 하느냐? 오히려 그대라면 더 많이 가져도 좋다. 더 가질 자격이 있다. 그대는 번 돈으로 자신을 해치지 않을 뿐더러, 남을 돕고 있지 않느냐? 그러한 사람은 얼마든지 재물을 가져도 좋으니라."

§

부처님께서 수달타 장자에게 '더 많이 가져도 좋

다' 고 하신 까닭이 무엇입니까? 돈으로, 자신이 가진
재물로써 남에게 도움을 주고 덕을 베풀었기 때문입
니다.

돈, 잘 써야 돈

그렇습니다. 이러한 돈이라면 능력껏 많이 벌어 잘 쓰면 됩니다. 정당하게 많이 벌어 남과 나를 살리고 이롭게 하고 깨닫게 하는 쪽으로 돈을 쓰면 됩니다. 내 욕심에 사로 잡혀 돈을 쓰는 것이 아니라, 나의 이웃과 이 사회와 이 자연과 이 법계를 살리는 데에 돈을 쓰면 됩니다. 돈의 가치를 알아서, 사람과 자연을 살리고 진리를 널리 알리는데 쓰는 돈이라면 많을수록 좋습니다.

그리고 부처님께서는 '재물을 얻고자 하면 잘 보시하라' 하셨습니다. 하지만 세속 사람들은 '부자가 되고자 하면 어떻게 하든지 쓰지 않고 잘 모아야 한다'고 생각합니다. 그러나 재물, 곧 돈이란 쓰지 않고 모은다고 하여 많이 모이는 것이 아닙니다. 돈은 기본적으로 돌고 도는 것이기 때문입니다.

따라서 부자가 되고자 한다면 돈을 잘 쓸 줄 알아야 합니다. 재물을 갈 곳으로 가도록 해주어야 합니다. 가난한 이를 돕고, 발전적인 일에 투자를 해야 합니다. 빌 게이츠를 비롯한 세계 최고의 부자들이 어떻게 합디까? 매년 천문학적인 숫자의 돈을 기아와 빈

곤퇴치를 위한 기금, 장학금 등으로 보시하고 있습니다. 그런데도 그들은 여전히 세계 최고의 부자이지 않습니까?

하지만 베풀지 않고 '나' 쪽으로만 이익을 거두어들이고 '나'의 욕심만을 챙기게 되면 오래 가지 않아 돈으로 인한 불행이 생겨납니다.

돈에 대한 욕심에 사로잡혀 정당하지 않게 돈을 벌게 되면 나와 가족이 불현듯 사고를 당하여 손해를 보든지, 남의 빚보증을 서서 뜻밖의 손재損財가 생기든지, 무단히 병에 걸려 돈이 썰물처럼 빠져나가 버리게 되는 경우가 왕왕 있습니다. 내 것만 챙기면 부자가 될 것 같지만, 그 욕심이 나도 모르는 사이에 내 재물의 그릇을 자꾸만 좁게 만들어 버리는 것입니다.

그럼 그릇이 작아지면 어떻게 되는가?

내 욕심껏 다 채우기도 전에 재물이 그릇 밖으로 흘러 넘쳐버립니다. 대우주법계의 힘이 작용하여, '나' 또는 주변의 아주 가까운 사람을 통하여 그 돈이 빠져 나가게끔 만들어버리는 것입니다.

반대로 '나'에게 들어오는 것을 주위에 나누어 주면 '나'의 그릇은 그만큼 더 넓어집니다. 재물을 담을 수 있는 그릇이 더 넓어지므로, 재물이 자연스럽게 모일 수밖에 없습니다.

물질의 으뜸인 돈을 잘못 쓰면 내 몸을 망치고 집안을 망치고 나라까지 망하게 합니다. 탐욕스럽게 돈을 모으면 그 돈이 올바른 돈으로 남아 있지 못하게 되며, 절도를 잃고 쾌락과 부정을 위해 돈을 사용하게 되면 그 돈이 사람을 해치게 됩니다.

이토록 돈이란 무서운 것입니다. 하지만 어떤 이들은 의문을 가질 것입니다.

'생명 없는 돈이 어떻게 사람을 해칠 수 있을까?'

틀림없습니다. 생명 없는 종이 위에 조폐공사에서 도장을 찍고 모든 사람이 돈의 유통을 긍정하게 되면, 그 순간부터 돈에 의지가 붙고 돈 자체가 힘을 가지게 된다는 것을 잊어서는 안 됩니다.

돈은 눈이 밝기가 그지없습니다. 절대로 지나침이나 그릇됨을 용납하지 않습니다. 그래서 옛사람들은 아침저녁으로 돈궤를 향해 절을 하면서 기원했다고 합니다.

"돈님 돈님, 나갈 때는 사람 상하게 하지 말고 부디 곱게 나가십시오. 부디 곱게 나가십시오."

과연 이렇게 기원한 까닭이 무엇이겠습니까? 돈이 나쁜 것이기 때문입니까? 아닙니다.

도로써 돈을 쓰는 재시財施

흔히들 도의 세계, 무소유의 세계로 가면 돈을 아무 것도 아닌 것처럼 말하는데, 이것은 한 면만을 보고 이야기한 것입니다. 제대로 보면 참으로 소중한 것이 돈입니다.

자녀의 양육과 돈의 관계를 예로 들겠습니다. 자녀의 양육에 있어 돈은 거름과도 같습니다.

돈이 없으면 나의 아들딸들이 잘 자라지를 못합니다. 과일 나무를 돌 구덩이에 심어 놓고 그냥 자라라고 하면 제대로 성장할 수 있겠습니까? 그 나무를 흙 속에 심은 다음 적당히 거름을 주어야 쉽게 뿌리를 내리고 잘 자랄 수 있는 것입니다.

그러므로 부모의 사랑이 흙이 되고, 돈이 거름이 되도록 하면 아들딸들이 참으로 잘 성장할 수 있게 되고, 마침내는 풍성한 결실을 거둘 수 있습니다.

그런데 거름인 돈만을 앞세워 보십시오. 반드시 문제가 생깁니다. 아이들과 대화도 하지 않고 인성人性 교육을 시키지도 않으면서 돈으로 아이를 만족시키면 지나친 거름으로 말미암아 나무를 죽게 만드는 결과를 초래합니다. 요즘 일부 청소년들은 이야기합니다.

"잔소리쟁이인 부모는 필요 없다. 돈과 친구만 있으면 된다."

이 얼마나 슬픈 이야기입니까? 이렇게 되면 돈이 사람을 잡아먹습니다. 돈이 형제간의 화목을 깨뜨리고 부모 자식을 갈라놓습니다.

하지만 돈의 노예가 아니라, 돈을 거름으로 삼아 아이들을 키우고 가정을 화목하게 만들면 그 돈은 진짜 좋은 돈이 되며, 그렇게 돈을 소중하게 써서 좋은 결실을 맺도록 하는 것을 '성취'라고 하는 것입니다.

돈이 악이 되지 않고 선이 되도록 만드는 것! 이것이 우리 불자들이 정립해야 할 돈에 대한 가치관입니다. 이러한 가치관을 정립하고 있었던 옛 부자들은 돈궤 앞에서 절을 하며 '곱게 나갈 것'을 기원하였던 것입니다.

실로 돈은 돌고 도는 것입니다. 돌고 도는 것이기에 그것은 인연 따라 나에게로 옵니다. 돈이 어디에 있다가 나에게로 오는가? 은행에 있다가? 아닙니다.

돈은 이 대우주법계에 가득 채워져 있습니다. 그 돈은 누구의 것도 아닙니다. 바로 법계 속에 있는 모든 중생의 것입니다.

그러므로 필요로 하는 사람에게 필요한 만큼 주어

지게 되어 있습니다. 스스로 돈의 법도를 어기거나 지나치지 않는 이상, 필요한 만큼의 돈은 언제나 오게끔 되어 있습니다. '기도하여 부자가 되었다' 는 이야기가 많이 전해지고 있는 까닭도 이 원리에 의한 것입니다.

하지만 이 원리를 모르는 많은 사람들은 돈 없음만을 탓합니다. 가난도 부富도 마음 따라 구해진다는 사실을 깨닫지 못한 채 돈 없음만을 탓합니다.

그러나 잊지 마십시오. 탐욕과 질시와 어둠으로 우리의 마음을 가득 채운다면 돈은 우리를 싫어하고 떠나갑니다. 또한 돈을 올바로 쓰고자 하지 않으면 돈이 다가오지 않습니다. 돈은 돈이요 황금은 황금이라는 사실을 솔직히 긍정하면서, 넉넉한 마음으로 덕을 베풀고자 할 때 더욱 큰돈이 우리에게 다가오는 것입니다.

그러므로 필요한 돈이 저절로 오도록 하려면 무엇보다도 순수하고 넉넉한 마음을 갖도록 노력해야 합니다. 순수하고 넉넉한 마음으로 베풀면서 살아야 하고, 베푸는 일에 익숙해져야 합니다. 베풀 것이 있을 때 베풀어야 하고, 베풀 기회가 올 때 베풀어야 합니다.

'돈을 많이 모은 다음에 좋은 일을 하겠다' 며 미룰

일이 아닙니다. 조금 있으면 조금 있는 대로 베풀 줄 알아야 합니다. 왜냐하면 베푸는 그 마음 자체가 바로 도심道心이요, 우리를 잘 살게 만들어 주는 복덕이 되기 때문입니다.

만약 이제까지 잘 베풀지 못하고 살았다면 지금부터라도 능력껏 보시를 해보십시오. 세상이 달리 보이고, 잔잔한 기쁨이 마음에 가득할 것입니다.

주위를 살펴보면 베풂의 기회는 언제든지 있습니다. 베풀 곳도 어디에나 있습니다. 특히 요즘처럼 온 세계가 힘들어하고 나라 경제가 어렵고 온 국민의 마음이 얼어붙는 때일수록, 잘 베풀고 덕스럽게 돈을 쓸 줄 알아야 합니다.

아울러 남에게 베풀어준 것은 대우주법계의 창고에 쌓여 있다가, 내가 필요로 할 때면 언제든지 큰 힘이 되어 되돌아오게끔 되어 있다는 것을 잊지 마시기 바랍니다.

이제 우리는 도道로써 돈을 써야 합니다. 돈보다 더 소중한 것! 그것은 도입니다. 돌고 도는 돈이 아니라, 언제나 나와 함께 하는 도인 것입니다.

돈과 도. 이 두 가지 중 돈은 돌고 도는 것이기에, 집착을 하면 할수록 윤회의 수레바퀴가 더욱 세차게

돌아갑니다. 돈에 얽매이면 '나'의 고통과 윤회가 그칠 날이 없습니다. 하지만 변하지 않는 도, 항상 고요하고 동요되지 않는 도로써 돈을 쓰면 괴로움은 물론이요 윤회의 수레바퀴도 구르기를 멈추게 됩니다.

만약 돈 때문에 힘든 일이 있었을지라도, 돈 때문에 괴롭힘을 당한 일이 있었을지라도 돈을 적대시하여서는 안됩니다. 왜냐하면 바로 그 돈 속에 도가 있기 때문입니다. 도는 어느 곳에나 있습니다. 돈 속에도 있습니다. 돈 속에 도가 있으므로 도로써 돈을 쓰면 돈을 쓴 자체가 온통 도로 바뀔 수 있습니다. 도로써 쓰는 돈. 부처님은 이렇게 돈을 쓰는 것을 재시財施라고 하셨습니다.

이제 『대장엄론경大莊嚴論經』에 나오는 이야기를 음미하면서 진정한 재물이 무엇인지를 다시 한 번 새겨봅시다.

❀

평소에 재물보시를 즐기는 한 상인이 있었습니다. 상인의 소문을 들은 왕은 그의 재산이 매우 많을 것이라 추측하고, 그를 불러 들여 꾸짖었습니다.

"세금을 많이 내지 않는 너에게 얼마나 많은 재산

이 있기에 남들을 돕는 것이냐? 너의 재산목록을 작성하여 가져오너라."

상인은 집으로 돌아와 부지런히 적기 시작했습니다. 그러나 그것은 현재 가지고 있는 집이며 가재도구며 폐물과 돈의 목록이 아니었습니다. 오래 전부터 가난한 이들에게 밥을 주고 옷을 준 내역, 아픈 사람에게 약을 지어다준 것, 배고픈 짐승이나 새들에게 먹이를 준 일 등을 죄다 기록하여 왕에게 가지고 갔습니다. 기록을 살펴본 왕은 더욱 노여워했습니다.

"이 놈아, 너의 재산목록을 가져오라고 했는데, 어찌 이따위 내용을 적어왔느냐?"

"대왕이시여, 저에게는 이것이 최상의 재산목록이옵니다. 현재 제가 가지고 있는 집과 돈과 폐물과 가재도구 등은 남에게서 얻은 것이요, 언젠가는 남의 손으로 넘어갈 것들입니다. 어찌 이러한 재산을 감히 '저의 것'이라고 말할 수 있겠습니까? 하오나 여기에 기록한 것들은 감히 '저만의 것'이라고 말씀 드릴 수 있는 것들입니다.

제가 보시한 공덕은 누구도 빼앗아 갈 수 없고 잃어버릴 염려가 없으며, 결코 파괴되지도 않습니다. 또한 보시는 튼튼한 배이므로, 저를 저 피안의 언덕에 이르게 해줍니다. 그러므로 지난날에 보시한 내용들이야말로 진정한 저의 재산목록이지 않겠습니까? 하여 그 내용들을 낱낱이 적어서 바친 것이옵니다."

상인의 말을 듣고 환희심이 일어난 왕은 크게 칭찬하였습니다.

"오, 그대는 참으로 지혜롭고 뛰어난 사람이구나. 그대의 말대로, '진정한 나의 재산은 보시를 한 것뿐'이요, 나머지는 다 돌고 도는 공동의 재산일 뿐이다. 그대는 세금을 내지 않아도 좋다. 앞으로도 많이 많이 보시하여라."

∮

대부분의 사람들은 내가 가진 재물이 내 것이라 생각하지만, 결국은 여러 사람에게로 흩어지게끔 되어 있습니다. 그런데 흩어지게끔 되어 있는 재물을 내 것이라 집착하면서 꼭 쥐고 살게 되면, 반드시 조금씩 침탈을 당하고 비웃음을 사고 불명예를 얻게 됩니다.

반대로 재물의 원래 주인이 내가 아님을 깨닫고 능력껏 베풀면, 세상 사람들의 찬탄을 받으면서 명예롭게 살 수가 있습니다. 보시야말로 인생의 가장 좋은 보시요, 가장 빼어난 투자인 것입니다.

특히 인생의 마지막은 더욱더 그러합니다. 좋은 집도 보석도 돈도 평생을 돌보아 주던 시종도 모두 떠나갑니다. 아들딸 배우자 등의 가족까지도 마침내는 내 곁을 떠나가지만, 보시를 한 공덕만은 절대로 나를 떠나지 않습니다.

이제 우리 모두 형편따라 능력따라 베풀어 봅시다. 돈이 없다면 육체적인 봉사도 좋습니다. 넉넉한 마음으로 능력껏 나누고 베풀 때 인색한 마음은 저절로 사라집니다. 인색한 마음과 더불어 탐하는 마음이 사라지므로 마음이 맑아지고, 육체적으로 물질적으로 남을 살렸으니 온몸 가득 환희가 넘치게 됩니다.

또한 이렇게 될 때 우리 앞에 그릇되게 뚫려 있던 탐욕의 길, 투쟁의 길, 어둠의 길이 저절로 사라지고, 지옥·아귀·축생 등의 추한 세계도 자취를 감추게 되는 것입니다.

왜냐하면 보시를 하는 그 마음 자체가 바로 도심道心이요, 우리를 잘 살게 만들어주는 선공덕善功德이 되기 때문입니다.

대부분의 불자들은 나는 나누고 베푸는 것을 중요하게 생각하며 살아가지만, 한동안 베풀지 않으면 그 마음이 많이 굳어져 버립니다. 부디 그때마다 마음을 열어 발원하십시오.

"인연따라 많이 나누고 베풀며 살겠습니다."

참으로 묘한 것은 이러한 생각을 일으키는 것만으로도 마음속에 잔잔한 기쁨이 생겨나면서 평화로움과 행복감이 넘쳐나게 된다는 것입니다.

감히 청하옵나니, 가까운 곳부터 눈을 돌려 함께 나누고 베풀면서 살아 보십시오. 보답을 바라는 베풂이 아니라 보답을 바라지 않는 도를 바탕으로 삼아 물질적인 보시, 육체적인 보시, 정신적인 보시 중 어떠한 보시든 하여 보십시오. 틀림없이 좋은 일이 다가오고 좋은 세상이 열리게 됩니다. 내 마음이 대우주법계를 향해 열리게 되어 그지없이 행복해지고 부자의 길로 나아가게 됩니다.

부디 나와 남을 함께 살리고 잘 베푸는 사람이 되시기를, 두 손을 모으고 머리를 조아려 축원 드립니다.

무재칠시無財七施와 법보시

무재칠시無財七施

어느날 '돈과 재물보시'에 대한 나의 글을 읽은 한 젊은 친구가 질문을 했습니다.

"원장님, 저는 직장을 다니지 않기 때문에 돈이 없습니다. 돈 없이 할 수 있는 보시는 없습니까?"

'참 좋은 질문'이라 하면서, 부처님께서 설하신 무재칠시無財七施를 일러 주었습니다. 무재칠시는 재물 없이도 행할 수 있는 일곱 가지 보시로 다음과 같습니다.

① 사신시捨身施 : 몸으로 봉사하기
② 심려시心慮施 : 마음으로 축원해주기

③ 화안시和顔施 : 밝은 표정으로 대하기

④ 애어시愛語施 : 사랑의 말을 하기

⑤ 자안시慈眼施 : 자애로운 눈길 보내기

⑥ 상좌시上座施 : 앉는 자리 양보하기

⑦ 방사시房舍施 : 자고 쉴 방 베풀기

① 몸으로 베푸는 **사신시**捨身施를 요즘은 자원봉사라고 합니다. 몸이 불편한 사람을 부축해 주고 목욕을 시켜 주고, 무료 점심공양에 동참하여 음식을 만들거나 대접하고, 병원의 환자들을 돌보는 등 '나'의 육체를 이용하여 좋고 보람 있는 일들을 얼마든지 할 수 있습니다. 이 사신시는 모든 사람들이 잘 알고 있는 내용이므로 더 이상 설명하지 않겠습니다.

② **심려시**心慮施는 다른 사람의 괴로움을 염려하고 배려하면서 그들의 행복을 온 마음을 다해 축원하는 것입니다.

기독교 단체 중에 평생 동안 외부와의 접촉을 끊고 기도와 묵상만을 하면서 사는 카르멜수도원이 있습니다. 이 카르멜수도원에서는 새해 첫날에 수녀들이 모여, 열악한 환경 속에 있는 양로원·고아원·교도소·병원 등의 이름을 적은 다음 한 사람씩 제비를 뽑는다고 합니다.

그때 한 수녀가 'ㅇㅇ양로원'이라는 제비를 뽑으면, 그 수녀는 1년 365일 내내 그 양로원에 있는 분들을 위해 축원의 기도를 합니다. 또 'ㅇㅇ교도소'를 뽑은 수녀는 1년 내내 그 교도소에 있는 사람만을 위해 기도하고, 'ㅇㅇ요양병원'을 뽑는 이는 늘 요양병원을 향해 기도를 합니다.

그들의 모든 생활은 기도로만 이루어지는데, 자신을 위한 기도는 하지 않고 오로지 제비를 뽑은 곳의 사람들을 위해 기도한다는 것입니다. 이렇게 자신과는 특별한 연고가 없는 불쌍한 이들을 진심으로 축원해주고 해탈을 염원해주는 것이야말로 참으로 소중한 보시라 하지 않을 수 없습니다.

우리 불자들도 자신의 소원성취를 위한 기도에만 몰두하지 말고, 다른 이의 행복을 위한 축원을 아끼지 말아야 합니다.

가령 법당에서 기도를 할 때면, 기도의 앞뒤에 '여기 모인 대중 모두가 불보살님의 가피를 입어 소원을 성취하여지이다' 라는 축원을 해줄 수 있어야 합니다.

만약 내가 지금 교도소에 있다고 하면, '저를 비롯하여 이곳에 있는 모든 이들의 업장을 녹여 이곳에서 벗어나게 하옵시고, 부처님의 정법 아래 지혜롭고 행복하게 살아갈 수 있도록 하여지이다'라는 축원을 하여야 합니다.

또 병원에 있다면, '이곳의 모든 환자들이 하루빨리 쾌유될 수 있도록 자비의 빛을 내려주옵소서.' 등의 축원을 하고, 고아원을 찾아갔으면 그곳의 어린이들을 위해 축원을 해주어야 하며, 양로원을 찾아갔으면 노인분들의 편안한 노후를 축원해 주어야 합니다.

나만이 가피를 입는 것이 아니라 모든 이들에게 가피가 임하도록 축원하는 마음을 가지면, 나의 행복과 성취가 훨씬 더 빨리 다가섭니다. 왜? 이것이 대우주 법계의 원리이기 때문입니다.

③ 화안시和顏施는 '밝은 표정을 지으며 하는 보시'라고 풀이하는 이들도 있는데, 사실은 '밝은 표정 그 자체가 화안시'입니다.

짜증 가득한 표정, 근엄한 표정, 괴로운 표정, 화난 얼굴, 무관심한 표정, 지루해 하는 표정 등등은 상대방의 마음을 상하게 하고 불편하게 만듭니다. 반면 맑고 밝고 환하고 다정다감한 표정을 지으면 상대를 편안하고 평화롭고 해맑게 만들고 가까이 다가오게끔 만듭니다.

이것, 바로 이 화안시 자체가 진정한 보시입니다. 특히 매일 같이 심각한 표정을 짓고 슬프거나 불안한 표정을 짓고 있는 이라면, 화안시가 내 주위의 모든 이들을 밝고 편안하게 만드는 최상의 베풂이라는 것을 깨달아야 할 것입니다.

④ 애어시愛語施는 '사랑의 말 베풀기'로, 사랑의 말이란 상대를 살리고 살아나게 하는 말입니다. 상대를 칭찬하고 존중해주는 말, 상대의 좋은 점을 자꾸자꾸 일깨워주고 기를 살려주는 말, 서로를 화해롭게 살게 하고 진실을 나누는 말이 바로 애어입니다.

'천냥 빛도 말 한마디로 갚는다'고 하는데, 유익하고 다정하고 희망이 깃든 말로써 위로하고 격려하고 기쁨을 준다면 좋은 일들이 넘쳐나지 않을 수 없게 되는 것입니다.

정녕 남도 나도 평화롭게 살고자 한다면 상대를 살리는 말을 하면서 살아야 합니다. 상대의 실수를 감싸주고 장점을 북돋우어 주는 말을 해야 합니다. 꾸중하고 화를 낼만한 일이 있을 때 부드러운 미소를 지으며 감싸주는 말 한 마디를 건넨다면, 상대방은 잘못을 스스로 깨달을 뿐 아니라 먼 훗날까지 고마운 마음을 잊지 않게 됩니다.

서로를 감싸주고 살리는 사랑의 말 베풀기. 이것이 부처님 가르침의 생활화요 행복으로 나아가는 지름길인 것입니다.

⑤ **자안시**慈眼施는 꼭 눈웃음을 지으며 대하라는 가르침이 아닙니다. 내가 상대에게 당장 무엇인가를 안겨 주면서 일일이 간섭을 하고 잘잘못을 따지는 것이 아니라, 늘 부드러운 마음과 자비심 가득한 눈길로 지켜보고 기다려주는 것이야말로, 소중한 베풂 중의 하나인 자안시라는 것을 잊지 말아야 합니다.

⑥ **상좌시**上座施는 말 그대로 내가 앉아 있던 편한 자리를 내어 주는 것으로, 버스나 전철에서 노인·임산부·어린아이에게 자리를 양보하는 것이 가장 쉬운 상좌시일 것입니다. 나아가 노약자나 병고자에게 잠시 쉴 자리를 마련해 주는 것, 나무를 옮겨 심어 여행자들에게 그늘을 제공하는 것 등도 돈 없이 할 수 있는 상좌시에 해당 합니다.

⑦ **방사시**房舍施는 잠자리를 제공하는 것으로, 요즘은 별로 중요시하고 있지 않지만 교통이 발달하지 않았던 옛날에는 실제로 큰 도움을 주는 베풂이었습니다. 나도 젊은 시절에, 특히 겨울철에 시골로 여행을 갔다가 하루 이틀씩 남의 집에 몸을 의탁한 적이 있

었는데, 그때의 인심과 고마움은 지금도 잊을 수가 없습니다.

돈 없이도 능히 보시를 할 수 있는 무재칠시無財七施. 이 일곱 가지 보시를 이야기하다 보니, 고등학교 시절에 성철 큰스님께서 즐겨 들려주셨던 '참된 불공佛供'에 관한 가르침이 새삼 떠오릅니다. 스님께서는 늘 말씀하셨습니다.

"이 세상에는 몸으로 마음으로 물질로 남을 도울 수 있는 일들이 매우 많다. 참된 불공은 바로 남을 돕는 일이다. 열심히 불공해라. 마침내 성불한다."

그리고 스님께서는, "절대로 남 돕는 것을 자랑하지 마라. 남들 모르게 도와줘라. 예수도 오른손이 하는 일을 왼손이 모르게 하라고 했다."면서, 보이스카우트와 관련된 미담을 자주 일러주셨습니다.

❀

20세기가 막 시작되는 무렵, 미국의 언론인 윌리엄 보이스는 사업상 영국의 런던을 방문하게 되었습니다. 그런데 도착한지 얼마 지나지 않아 안개가 매우 심한 길거리에서 그만 길을 잃고 헤메게 되었습니다.

바로 그때 그의 앞에 12~13세가량 된 소년이 다가
와서 물었습니다.

"선생님, 무엇을 찾으십니까?"

"어느 집을 찾고 있는데 도저히 못 찾겠구나."

"저는 이 동네에 살고 있습니다. 혹시 제가 알지도
모르니, 주소를 보여 주시겠습니까?"

그가 주소를 보여주자 소년은 '알고 있다'고 답하
면서 앞장을 섰고, 소년의 뒤를 따랐더니 찾고 있던
곳에 무사히 이를 수 있었습니다. 너무나 고마워 사
례금을 주려 하자, 소년은 끝까지 사양하였고, 이름
도 가르쳐주지 않았습니다. 그리고 말했습니다.

"저는 소년단원의 회원인데, 우리 회원은 하루에
한 가지씩 남을 도와주게 되어 있습니다. 오늘은 선
생님을 도와드릴 수 있었으니, 오히려 제가 감사를
드려야지요. 선생님, 참 고맙습니다."

인사를 하며 사라져가는 소년을 보면서 그는 깊은
감동에 젖어들었습니다.

"영국의 어린이들은 남을 돕는 정신이 넘치는 구
나. 어린 저 애가 남을 도우고는 '오늘의 과제를 해
결할 수 있게 되어 고맙다'고 하면서 돈을 받지 않는
것은 물론이요 이름조차도 가르쳐 주지 않다니….

아, 이 얼마나 장한 일인가! 이러한 정신은 널리 보급해야 한다."

미국으로 돌아온 그는 1904년에 이러한 정신을 담은 소년단을 조직하였는데, 이 단체가 바로 우리나라는 물론이요 세계 160개국으로 뻗어나가 지금도 열심히 활동을 하고 있는 보이스카우트입니다.

그 뒤에 보이스씨는 자신을 도와주었던 소년을 찾기 위해 백방으로 수소문하였으나 끝내 소년을 찾을 수가 없었습니다. 그는 이 이름 모를 소년을 기념하기 위해 런던의 '길웰'이라는 마을에 큰 들소동상을 세운 다음, 기념비에 이렇게 새겼습니다.

"날마다 꼭 착한 일을 하는 소년단이 있음을 미국에 알려준 이름 모를 소년에게 이 동상을 바치노라."

ξ

돈과는 무관하게, 하루 한 가지씩 남을 도와주는 일을 하면서 전혀 자랑을 하지 않은 이 소년의 행위야말로 무량복덕을 쌓고 이 세상을 살리는 참된 보시가 아니고 무엇이겠습니까?

돈이 있으면 돈으로, 또 돈이 없으면 육체적으로 정신적으로 무재칠시를 실천하며 살면 얼마든지 가장 가치 있는 삶을 만들어 낼 수 있습니다. 이 무재칠시를 꼭 실천해 보십시오.

이제 이 무재칠시에 이어 한 가지 보시를 더 이야기하고자 합니다. 그것은 '남의 것을 내 것처럼 아낄 줄 알아야 한다' 는 것입니다.

사람들 가운데 내 물건은 아끼고, 남의 물건이나 공공의 물건은 함부로 하는 이들이 있습니다. 먹는 음식에 대해서도 내가 사면 아깝고, 남이 사면 아깝지 않다고 생각하는 사람이 있습니다. 이런 행동이나 생각은 불행의 싹이 됩니다.

우리 불자들은 남의 물건을 내 물건처럼 아끼는 사람이 되어야 합니다. 산에 버려진 나무를 주워서 불을 때거나 주인 없는 지하수를 퍼 쓰더라도 '아깝지 않다' 고 생각하면 안됩니다. 나무 한 토막, 물 한방울도 내 것인 양 아껴야 합니다. 한순간을 아끼면 앞으로 주위의 누군가가 요긴하게 쓸 수 있습니다.

공중화장실의 휴지 한 장을 쓰더라도 내 돈으로 산 것처럼 아껴야 합니다. 이 세상 물건은 다 제 것 아닌 것이 없습니다. 내가 쓰면 언젠가는 내가 갚아야 합니다.

이렇게 성실한 마음으로 남의 물건을 내 물건처럼
아끼며 살고 남을 나처럼 생각하며 살면 내 물건과
남의 물건에 대한 차별이 없어지게 됩니다. 나아가
이 차별없는 생각이 진정한 보시의 정신이라는 것을
꼭 기억하시기 바랍니다.
　이제 법보시에 대해 이야기 하겠습니다.

법보시法布施

법시法施라고도 칭하는 법보시는 법法, 곧 진리를 베푸는 일입니다. 진리인 부처님의 가르침을 베풀어 사람들의 정신세계를 올바로 열어 줄 뿐 아니라, 참으로 잘 사는 방법, 영원히 행복하게 사는 방법, 평화롭게 사는 방법, 자유롭게 사는 방법 등을 깨우쳐주는 것입니다.

이 세상에 법은 많습니다. 좋은 법, 나쁜 법, 삿된 법, 바른 법, 신비한 법, 묘한 법, 그릇된 법 등등…. 그런데 과연 어떠한 법이라야 우리들로 하여금 행복하고 평화롭고 자유로운 쪽으로 나아가게 하는 것일까요?

바로 정법正法입니다. 정법으로 살면 나날이 향상하여 행복과 깨달음을 이루고, 그릇되거나 삿된 법을 따르면 타락과 불행과 부자유 속으로 빠져들 수밖에 없습니다.

그러므로 우리는 정법으로 살아야 합니다. 그리고 이 향상의 법인 정법을 일러주고, 정법을 깨우쳐주고, 정법과 하나가 되는 삶을 살 수 있도록 베풀어 주어야 합니다. 이것이 법보시입니다.

불교의 정법! 불자라면 마땅히 부처님께서 설하신 정법을 배우고 실천하고 베풀며 살아야 합니다. 사성제四聖諦 · 팔정도八正道 · 육바라밀六波羅蜜 · 삼법인三法印 · 중도中道 등 부처님께서 설하신 해탈의 교법을 전하며 살아야 합니다.

사람이면 누구나 정신적인 고통과 불안한 마음을 가지고 살기 마련입니다. 그런데 왜 정신적으로 힘이 들고 마음이 불안한 것인가? 먹을 밥이 부족하고 물질이 풍요롭지 못하여 그러한 것인가?

아닙니다. 불안의 원인이 무엇이며 고통의 원인이 무엇인지 몰라서 불안과 고통으로부터 벗어나지 못하는 것입니다. 불안을 극복하는 길, 괴로움을 벗어나는 길을 모르기 때문에 불안과 괴로움 속에서 허우적거리는 것입니다.

그러므로 불안과 고통의 원인을 깨우쳐주고 불안과 고통에서 벗어나는 길을 가르쳐주면 그 누구 할 것 없이 평화롭고 행복한 쪽으로 나아갈 수 있으며, 바로 그 길인 부처님의 바른 법〔正法〕을 일러주는 것이 법보시입니다.

그래서 부처님께서는 재물보시보다 이 법보시를 훨씬 더 중요하게 여기셨고, 훨씬 더 위에 두셨습니다.

특히 우리 불자들이 즐겨 읽는 『금강경』에서는 법보시의 공덕을 격찬하고 있습니다. 〈무위복승분無爲福勝分〉에는 다음과 같은 구절이 있습니다.

선남자 선여인이 칠보로써 저 항하의 모래알 수만큼이나 많은 삼천대천세계에 가득 차도록 보시를 하는 것보다, 이 경 가운데 사구게四句偈만이라도 받아 지니고 다른 사람을 위해 설하면, 이 복덕이 앞의 칠보보시의 복덕보다 더 수승하니라.

한량없이 많은 물질의 보시. 이 보시의 과보로 받게 되는 복덕은 결코 적은 것이 아닙니다. 하지만 남을 위해 어마어마하게 많은 재물을 보시했다고 할지라도, 그 복은 세월의 흐름 속에서 마침내는 끝을 보게 되는 유위有爲의 복입니다.

다함이 있는 유위복有爲福. 절집안에서는, "수행인에게 있어 유위복은 삼생三生의 원수다"라는 말을 자주합니다. 왜 그 좋은 복을 삼생의 원수라고 한 것일까요?

그 복을 짓느라 한 생을 보내고, 그 복을 받아 쓰느라 또 한 생을 보내고, 그 복을 다 쓰고 나면 다시 박

복하게 한 생을 보내게 되니, 수행에 몰두해야 할 삼
생을 복 때문에 헛되이 보내게 된다는 것입니다. 그
러므로 참된 깨달음의 길을 걷지 못하게 막는 유위복
을 '삼생 원수'라고 표현한 것입니다.

이에 비해 법보시는 어떻습니까? 진리를 일깨워주
는 정법의 보시는 그 결과가 깨달음이요 해탈입니다.
영원한 생명력을 길러주고 무한한 행복과 자유를 안
겨줍니다.

이 법보시의 복은 다함이 없습니다. 진리의 말씀을
새기고 또 새겨 깨달음을 이루면 부처의 자리로 나아
갑니다. 그야말로 다함이 없는 무위복無爲福을 얻게
되는 것입니다.

하지만 능히 무위복을 이루는 정법을 접하고도 아
무런 감각이 없는 사람도 있습니다. 마치 어린아이에
게 다이아몬드를 한 아름 쥐어주어도 그 가치를 모르
는 것과 같습니다. 그런데 같은 다이아몬드를 어른들
에게 줘보십시오. 가치를 알고 뛸 듯이 기뻐합니다.

이 다이아몬드처럼, 부처님께서 설하신 정법의 가
치도 사람에 따라 달라집니다. 대자유와 대해탈을 이
루고자 하는 이에게는 가장 소중한 보배이지만, 세속
적인 행복을 추구하는 이에게는 그다지 대단한 가르

침이 되지 않습니다.

　그렇다고하여 부처님의 정법이 가치 없는 것일까요? 아닙니다. 어린아이가 다이아몬드의 가치를 모른다고 할지라도 다이아몬드의 가치는 그대로 있습니다.

　그러므로 우리는 이와 같은 가치를 지닌 정법을 베풀어야 합니다. 정법을 법보시 해야 합니다. 법보시를 하게 되면 그 복이 부처님께서 설하신 것처럼 한량 없기 때문입니다.

　그렇다면 이 법보시는 어떻게 해야 하는가?

　바로 그 법의 내용을 내가 먼저 알고, 그 내용을 깨닫도록 일러 주어야 합니다. 왜냐하면 그 내용을 깨달아야 진짜 복이 되기 때문입니다. 그 참뜻을 이해시켜야 진짜 그 사람의 복이 되기 때문입니다.

　실로 사성제의 법문을 전할 때에는 고苦·집集·멸滅·도道의 사성제가 구체적으로 어떠한 것인지를 또렷이 알 수 있게 가르쳐주어야 합니다. 그래서 '나도 사성제를 깨닫고 팔정도를 닦아 진정한 행복과 해탈을 이루리라' 는 마음이 일어나게끔 해야 합니다.

　이렇게 확증을 심어주는 법보시를 하게 되면 금강경의 말씀대로 무수한 삼천대천세계를 칠보로 가득 채우는 보시보다 더 많은 복을 쌓을 수 있게 되는 것입니다.

진실로 복 짓는 일 중에서 영원한 행복과 위없는 깨달음을 얻을 수 있도록 해주는 복보다 더 큰 복은 없습니다. 그러므로 주위사람들에게 성심성의를 다해 부처님의 가르침을 전하고, 그들의 참 정신을 일깨워 주도록 해야 합니다.

그런데 여기에 이르면 한 가지 문제가 발생합니다.

"나는 불교교리나 경전의 내용을 잘 모르는데, 어떻게 법보시를 하라는 것인가? 이 법보시는 나와는 무관한 일이다."

맞습니다. 이와 같은 말을 하는 것도 당연합니다. 하지만 포기하지 마십시오. 아주 좋은 방법이 있습니다. 만약 '나의 아는 것이 부족하다'고 느낀다면, 능력껏 불교교리를 담고 있는 책이나 경전해설서 등을 사서 베푸는 법보시를 하면 됩니다.

'이에 대해 돈을 주고 책을 사서 나누어 주는 것은 재물보시가 아닌가' 하는 분도 더러 있습니다만, 법을 마음에 품고 돈을 쓰게 되면 그 보시는 재시가 아니라 온전한 법보시로 바뀌게 됩니다.

그러므로 무위의 큰 복을 짓기를 원한다면, 그리하

여 영원한 자유를 얻고 영원한 생명력을 간직하기를 원한다면, 불경을 비롯한 좋은 불교책 법보시를 많이 하고자 노력해야 합니다.

그런데 책을 법보시하는 불자들 가운데 '꼭 불경이라야 한다'며 고집하는 사람들이 있습니다. 그러나 법보시의 핵심은 '상대가 정법을 잘 이해하고 실천할 수 있도록' 하는 데 있습니다.

따라서 한문으로 된 불경이나 난해하게 번역된 불경보다는, 읽어서 진리를 분명히 깨칠 수 있고 정법의 삶을 제시해주는 쉬운 불교서적이나 글을 법보시하는 것이 더 좋습니다.

참되게 살 수 있는 길을 쉽게 제시해 주는 책, 마음의 눈을 열어 줄 수 있는 글을 가깝고 먼 사람에게 두루 보시한다면, 그 공덕을 어찌 다 헤아릴 수 있겠습니까?

다른 사람을 깨우쳐주고 정법으로 살도록 깨우쳐주는 법보시. 법보시를 행하다 보면 스스로 또한 법을 깨우칠 수 있습니다. 그 누구보다도 스스로가 진리를 가장 잘 깨우칠 수 있게 됩니다.

법보시는 부처님의 은혜를 아주 잘 갚는 방법입니다. 우리 모두 부처님의 제자답게, 나와 남을 함께 깨

달음의 길로 인도하는 법보시를 부지런히 실천해봅
시다. 자신 있게, 능력껏 법보시를 하실 것을 두 손
모아 권청勸請하고, 이 글을 읽는 분들의 향상과 행복
을 축원드리면서 법보시에 대한 글을 마감합니다.

평화로움을 안겨주는 무외시

나의 안정 없는 무외시는 없다

부처님께서는 보시를 크게 재시財施 · 법시法施 · 무외시無畏施의 셋으로 나누어 말씀하셨습니다. 우리는 앞에서 재물을 베푸는 재시와 참된 삶의 길을 깨우쳐주는 법시에 대해 자세히 살펴보았으며, 이제 무외시에 대해 살펴볼 차례입니다.

무외시無畏施는 글자의 뜻 그대로 '두려움이 없게끔 해주는 보시, 두려움을 제거하여 평화로움을 가질 수 있도록 해 주는 보시'입니다.

그런데 완전한 무외의 상태에 이르려면 무아無我의 경지에 도달해야만 가능해집니다. 무아임을 온전히 깨달아야 영원한 평화로움인 열반적정涅槃寂靜의 경지, 완벽한 무외의 경지에 도달할 수 있습니다.

그래서 완전한 무아의 경지, 영원한 평화의 자리에 오르게 하는 무외시를 불교에서는 최상의 보시로 삼고 있습니다. 하지만 지금의 우리는 이 무아의 경지와는 다소 멀리 떨어져 있습니다. 그러므로 무아와 무외시의 관계에 대한 설명은 뒷날로 미루고, 이번에는 일반적인 무외시에 대해서만 살펴보고자 합니다.

무외시의 무외無畏를 쉽게 비유하면, 어린아이가 태권도도 잘하고 기운도 센 자기 형과 함께 다니면 어디를 가든지 겁날 것이 없고 마음이 든든해지는 것과 같습니다.

혼자 있을 때는 싸움은커녕 도망가기 바쁘던 아이도, 든든한 형과 같이 있으면 자기보다 힘센 친구에게 얼마든지 당당해질 수 있고, 험상궂은 사람들이 다가와도 힘을 딱 주고 버틸 수가 있는 것입니다. 든든하게 믿을 수 있는 것이 있으면 두려울 것이 없으며, 이러한 든든함을 베풀어주는 것이 바로 무외시입니다.

이 뿐만이 아닙니다. 육체적인 두려움이나 정신적인 공포로부터 벗어나게 해주는 것을 비롯하여, 누군가가 어려운 처지에 빠져 갈피를 잡지 못할 때 용기를 주고 희망을 주어 평화로움을 회복하도록 도와주는 것, 공연한 번뇌에 사로잡혀 우울증에 빠져있을 때 긍정적인 생각을 심어주어 명랑하고 활달하게 살 수 있도록 이끌어 주는 것 등도 무외시에 해당합니다.

나아가 성현聖賢의 가피를 입는 것도 무외시에 속합니다. 만약 언제 어디서나 불보살님께서 나를 지켜주고 계신다는 확실한 믿음만 있으면, 그 사람은 두려울 것이 없는 무외無畏의 경계에 들어선 사람이라 할 수 있습니다.

부처님께서 나와 함께 계시고 관세음보살님이 나를 늘 보살펴주신다는 확고한 믿음이 있으면 삼재팔난 三災八難은 물론이요, 총알이 빗방울처럼 날리는 전쟁터로 나가도 두려움을 느끼지 않게 됩니다.

그런데 남의 근심걱정이나 두려움을 해소시켜주는 무외의 보시를 실천하고자 하면 내가 먼저 안정이 되어 있어야 합니다. 내가 평화로워야 남의 불안을 해소시켜 줄 수 있습니다. 그러므로 남의 두려움을 잠재우려면 나의 내면부터 안정시켜야 합니다.

내 마음의 동요를 멈추고 내 마음부터 고요하게 만

들 줄 알아야 합니다. 물론 마음의 동요를 멈추기는 쉽지 않을 것이고, 고요한 마음을 갖기는 더욱 어려울 것입니다.

하지만 이때 동요를 멈추면 불안한 현실에서 벗어날 수 있습니다. 벗어나는 정도가 아니라, 더욱 향상을 하고 평화로움을 만끽할 수 있게 됩니다.

❁

IMF 외환위기 당시, 대기업에서 과장의 직책을 맡고 있었던 김씨 성의 불자가 있었습니다. 온 나라가 구조조정으로 뼈를 깎는 고통을 감수해야 하는 때였으므로, 그의 부서에도 감원의 바람이 불어와 부장 등의 윗사람과 평직원 몇 명이 해고를 당했습니다.

남아있는 직원들은 분개를 하면서도 한편으로는 안도하였고, 믿어왔던 회사로부터 또 어떤 시련을 겪게 될지를 몰라 안절부절못하였습니다.

김과장 역시도 갑자기 찾아든 현실이 두려웠습니다. 불안감과 침울한 분위기에 휩싸여 하루하루를 보내는 것, 특히 직원들 서로가 견제를 하고 눈치를 살피는 것이 무엇보다 견디기 힘들었습니다. 참다못한 그는 동료와 부하직원들을 설득했습니다.

"침울한 분위기에 빠져있을 때가 아닙니다. 이제 부정적인 생각들을 비우고 이 위기를 극복해 나갑시다."

하지만 그의 말을 따라주는 사람은 없었습니다. 불안감 속에 휩싸여 눈치만 볼 뿐이었습니다.

'어떻게 해야 지금의 불안감을 해소시킬 수 있을까? 몇 마디의 대화와 설득을 통하여? 아니다. 먼저 나 자신부터 다스려야 한다.'

이렇게 생각한 김과장은 우선 하루에 30분씩 열심히 '관세음보살'을 외우면서 발원했습니다.

"저희 부서의 어느 누구도 더 이상은 희생되지 않게 해주십시오. 저부터 중심을 잡겠습니다. 흔들리지 않겠습니다. 맡은 일을 잘하고 자리를 잘 지키겠습니다."

그날부터 김과장은 스스로의 마음이 안정을 찾고 평화로워질 때까지 한 발자국 물러났습니다. 무엇보다도 직장 동료들에 대한 경쟁의식이나 적대감을 마음속에서 싹 비우고자 노력했습니다. 상사로부터 꾸중을 듣거나 싫은 말을 들었을 때에도 흥분을 하거나 다른 사람을 탓하지 않았습니다. 그리고 거래처에 대한 불만도 밖으로 표출하지 않았습니다. 며칠이 지나자 그를 보는 동료들의 눈빛이 달라졌습니다.

"김과장님이 이상하네? 저토록 차분할 수 있다니! 매일 청심환을 먹고 다니는 것 아니야?"

계속해서 김과장은 동료직원들을 격려하고 칭찬하고 배려하는 말을 아끼지 않았습니다. 그런데 김과장의 내면에서 먼저 변화가 일어났습니다. 마음에 평화로움과 잔잔한 기쁨이 넘치기 시작한 것입니다.

그날부터 사람들도 그를 편안한 마음으로 대하기 시작했고, 마침내 김과장에게 비판적이었던 사람들까지 바뀌어갔습니다. 툭하면 비꼬던 옆자리의 강과장을 비롯하여 비관적인 생각에 빠져있던 부하직원들도 온화하고 행복한 미소를 짓는 사람으로 변해가는 것이었습니다.

물론 그와 같은 분위기가 갑자기 만들어진 것은 아닙니다. 서서히 한 사람씩 바뀌다가, 마침내는 부서 전체가 활달하고 명랑하게 바뀌었습니다. 특히 회의시간은 활기가 넘쳤고, 발전적인 의견이 많이 나왔으며, 좋은 의견에 대해서는 모두가 뜻을 모아 채택했습니다.

자연 업무처리 능력은 신장되었고, 성과 또한 크게 나타났습니다. 그 결과, 다른 부서 사람들은 이어지는 구조조정으로 더욱 웃음을 잃어갔지만, 김과장의 부서는 오히려 승진이 되고 모두가 특별 포상금까지 받았다고 합니다.

§

불안한 환경 속에서도 중심을 잡고 내 할 일을 하면서 흔들림 없이 나아가는 것. 이것이야말로 참된 무외시입니다. 김과장처럼 한 사람이 흔들림 없이 중심을 잡고 나아가면 주위에 있는 모두에게 희망이 생깁니다. 그리고 흔들림 없는 사람이 몇으로 늘어나면 전체가 안정되고 행복해지고 평화로워질 수 있습니다.

그러므로 누가 나에게 행복과 평화로움을 안겨주기를 바라기에 앞서, 나부터 중심을 잡고 흔들림 없이 나아가게 되면 지금 이 자리가 안정되고 평화로워질 뿐 아니라, 내가 바로 최상의 보시인 무외시를 실천하는 이가 될 수 있습니다.

계를 잘 지키는 것도 무외시

나아가 부처님께서는 『출요경出曜經』 제12권에서
무외시와 관련하여 참으로 소중한 교훈을 일러주고
있습니다. 그것은 '5계를 잘 지키는 것 자체가 무외
시'라는 가르침입니다.

그 내용은 엄청난 부자이면서도 인색하기 짝이 없
는 최승最勝 장자에게 보시의 공덕을 깨우쳐 주고자
함에서부터 시작됩니다.

❁

부처님께서는 지독한 구두쇠인 최승장자를 제도하
기 위해, 최승장자에게 아난존자 · 아나율존자 · 가섭
존자 · 목건련존자 · 사리불존자를 차례로 보냈습니
다.

부자인 최승장자를 찾아간 부처님의 큰 제자들은
하나같이 '궁핍한 사람에게 보시를 할 때 받게 되는
좋은 과보들'을 설명하면서 그의 인색한 마음을 열고
자 노력했습니다.

하지만 지독한 구두쇠였던 최승장자에게는 큰 제자
들의 이러한 설명들이 그의 재물을 뺏기 위한 회유책

으로 들릴 뿐이었습니다.

'나에게 보시의 공덕을 말하는 까닭은 이 스님이 나의 재물에 탐착을 하고 있기 때문이다. 나의 재물을 얻기 위해 설하는 그들의 말은 거지들의 법이요 성현의 지혜가 아니다.'

자신의 재물을 보시하기가 싫어 마음의 문을 완전히 닫아버린 최승장자를 위해, 마침내는 부처님께서 직접 찾아가 법문을 했습니다. 그러나 부처님의 법문은 재물보시에 대한 것이 아니었습니다.

"다섯 가지 보시를 행하면 큰 공덕을 얻느니라."

"어떤 것이 다섯 가지 보시입니까?"

"첫째는 살생하지 않는 것이니, 만약 산 생명을 죽이지 않고 자애로운 마음을 가지면 그를 대하는 중생은 두려움이 없어지게 된다. 이것이 첫번째 큰 보시이니라."

"둘째는 도둑질하지 않는 것이니, 만약 도둑질을 하지 않고 자애로운 마음을 가지면 그를 대하는 중생은 두려움이 없어지게 된다. 이것이 두 번째 큰 보시이니라."

"셋째는 음탕한 죄를 짓지 않는 것이니, 만약 음탕한 죄를 짓지 않고 자애로운 마음을 가지면 그를 대하는 중생은 두려움이 없어지게 된다. 이것이 세 번째 큰 보시이니라."

"넷째는 거짓말을 하지 않는 것이니, 만약 거짓말을 하지 않고 자애로운 마음을 가지면 그를 대하는 중생은 두려움이 없어지게 된다. 이것이 네 번째 큰 보시이니라."

"다섯째는 술을 마셔 잘못을 범하지 않는 것이니, 만약 술을 마셔 잘못을 범하지 않고 자애로운 마음을 가지면 그를 대하는 중생은 두려움이 없어지게 된다. 이것이 다섯번째 큰 보시이니라."

이 법문을 듣고 진정한 평화로움이 무엇인지를 깨달은 최승장자는 5계를 잘 지키겠다는 맹세와 함께, 꼭꼭 닫아 두었던 창고의 문을 활짝 열어 불쌍한 이들에게 널리 보시를 하였습니다.

§

누구도 생각하지 않았던 계율과 무외시의 관계를 설한 부처님. 5계만 잘 지켜도 무외시를 잘 실천할 수 있다는 것을 깨우쳐주신 부처님. 부처님께서는 최고의 보시인 무외시의 완성이 계율을 잘 지키는 데서부터 시작된다는 것을 깨우쳐 주고 계십니다.

불살생 · 불투도 · 불사음 · 불망어 · 불음주의 계율
을 지키면서 자애로운 마음을 품고 사는 것이 무외시
요, 일체 중생을 두려움 없이 살게 하고 잘 따르게 한
다는 부처님의 이 가르침을 우리 불자들은 가슴 깊이
담고 살아야 할 것입니다.

내가 청산인 줄을 알면

이제 '나'를 위한 무외시, 곧 모든 사람들이 살면서 겪게 되는 '나'의 불안·두려움·근심걱정을 해소하는 방법에 대해 함께 살펴보았으면 합니다. 내가 불안하면 무외시를 잘 실천할 수 없기 때문입니다. 내가 두려운 상태에 빠져있는데 어떻게 남을 두려움으로부터 벗어나게 해줄 수 있겠습니까?

모든 두려움은 욕심과 집착과 근심걱정에서 비롯됩니다. 집착과 욕심이 마음속에 자리를 잡고 있을 때는 참된 평화로움이 우리 앞에 모습을 나타내지 않습니다. 오히려 집착과 욕심 때문에 자꾸만 근심걱정을 하게 되고, 근심걱정을 하기 때문에 불안함과 두려움을 느끼게 되는 것입니다.

이와는 반대로 집착과 욕심이 없으면 마음에 걸릴 것이 없습니다. 마음에 걸림이 없으면 근심걱정은 물론이요 두려움이 사라지고, 두려움이 사라지면 걸림 없는 삶과 완전한 평화로움을 누릴 수 있게 되는 것입니다.

두려움의 삶과 걸림 없는 삶! 잠깐 청산靑山과 구름의 관계를 통하여 이 두 삶을 이야기해 보고자 합니다.

 가끔씩 우리는 푸른 산에 걸려 있는 구름을 봅니다. 홀연히 일어난 안개구름이 청산을 감싸기도 하고 어디에선가 흘러온 구름이 청산을 의지하여 잠시 머무르기도 합니다. 물론 이 청산에는 보기 좋은 구름만 찾아오는 것이 아닙니다. 때로는 먹구름이 산 전체를 뒤덮고 무섭게 비바람을 뿌리기도 합니다.

 그러나 청산을 찾아오는 구름은 어떠한 구름이든 오래 머무는 법이 없습니다. 얼마 후면 구름은 청산을 떠나갑니다. 그리고 구름이 떠나면 청산은 본래의 모습을 있는 그대로 보여주고, 조금 있으면 또 다른 구름이 찾아옵니다.

 우리는 이와 다르지 않습니다. 모든 이의 인생에 있어 이 청산과 구름은 늘 함께 합니다. 곧, 청산에는 구름이 찾아들기 마련입니다. 이 구름이 가고 나면 또 다시 저 구름이 옵니다. 따라서 우리가 지혜롭고 걸림 없는 삶을 살고자 한다면 우리 스스로가 청산임을 분명히 알고, 삶의 현장에서 자주 함께하게 되는 구름에 대해 탐착하지 말아야 합니다.

 그런데 지금의 우리는 어떻습니까? 내가 바로 청산

인 줄을 알고 삽니까? 아닙니다. 청산이 아니라 구름에 집착하며 살고 있습니다. 흘러가는 구름을 잡으려 하며 살고 있습니다.

그러나 누가 흘러가는 구름을 잡을 수 있습니까? 누가 구름을 얻을 수 있습니까? 없습니다. 누구도 얻을 수 없습니다. 구름을 잡고 구름을 얻겠다는 것은 중생의 착각입니다.

구름은 원래 실체가 없는 허망한 것입니다. 욕심과 집착과 근심걱정은 구름과 같이 헛된 것이요, 이 헛된 구름들에 사로잡히지 않게 되면 늘 청산을 만끽하며 평화롭게 살 수 있습니다.

구름의 실체를 아는 지혜로운 사람은 삶의 현장에 구름이 있다는 것에 대해 싫어하지도 좋아하지도 않습니다. 이 구름이 간다고 하여 좋아하지 않고, 저 구름이 온다고 하여 싫어하지 않습니다.

그 구름이 먹구름이라 하여도 싫어하지 않고 흰 구름이라 하여도 좋아하지 않습니다. 구름을 그냥 실체가 없는 구름으로 볼 뿐, 구름에 의해 흔들리지 않습니다. 그리고 스스로가 청산임을 늘 깨닫습니다.

이와 같이 스스로가 청산임을 확실히 알게 되면 마음에 걸릴 것이 없어지고, 두려움이나 불안감 등이

다 사라집니다.

　근심 걱정이나 두려움의 구름에 집착하지도 싫어하지도 않게 되고, 흔들림 없는 평온함을 늘 유지할 수 있게 됩니다. 이제까지 나를 괴롭혀왔던 근심걱정들을 모두 벗어버리고 평화로움에 이를 수 있게 되는 것입니다.

두려움을 축원으로 대체하라

실로 인생살이의 큰 장애는 근심걱정 속에 젖어들고 두려움에 빠져드는 것입니다. '나' 스스로가 만들어낸 번뇌 망상이나 근심걱정, 두려움 때문에 스스로를 향상시키기는커녕, 행복의 날개조차 펼쳐보지 못하는 이들이 참으로 많습니다.

그러므로 인생을 잘 살아가기 위해서는 두려움을 슬기롭게 극복해야 합니다. 특히 공연한 두려움, 공연한 불안감에 휩싸여서는 안됩니다. 매사에 조심을 하고 신중하게 임해야 하는 것은 옳지만, 공연한 두려움에 빠져서는 안됩니다.

기계문명이 발달한 현대사회에서는 갖가지 불안한 일들이 날이 갈수록 많이 생겨납니다. 인간의 환경파괴로 인한 자연재해도 더욱 커졌고, 교통사고 · 납치 · 성폭행 · 살인 · 강도 · 자살 등등의 인재人災들도 자주 발생합니다. 나아가 불량식품 · 불량장난감 등과 같이 건강과 관련된 것들까지 사람을 불안하게 만들고 있습니다.

이를 언론매체들이 경쟁적으로 보도를 하게 되면 온 나라가 들끓고 온 국민이 벌벌 떱니다. 나라 전체가 불안감에 휩싸이고, 동시에 '우리 가족'에게 그 화가 미치지 않을까 걱정을 합니다.

과연 이러한 때는 어떻게 해야 하는가? 두려움과 근심걱정에 휩싸인 채 살아야 하는가? 아닙니다. 아주 쉬운 방법이 있습니다.

그 방법은 불안·두려움·근심걱정을 축원으로 대체시키는 것입니다. 불안한 마음을 축원과 감사함으로 채우고, 근심걱정 대신 축원을 해주는 것입니다.

한 예를 들겠습니다. 부모들은 자식이 공부를 못하거나 생활태도가 나쁠 때 근심걱정부터 합니다.

"쟤가 저래서 무엇이 될까? 걱정이다."

"내 자식이지만 너무 불안해. 어떻게 버릇을 고친다?"

하지만 근심걱정을 하고 불안해한다고 하여 그 아이가 좋아지지는 않습니다. 오히려 부모의 불안감이나 걱정이 뇌파腦波로 전달되어 더 부정적인 결과를 낳을 수도 있습니다. '걱정스럽다'·'불안하다'는 부모의 생각이 자식을 더욱 그릇된 길로 나아가도록 만드는 경우가 있기 때문입니다.

하지만 걱정 대신 축원을 자꾸 해주면 자녀들이 축원대로 바뀌게 됩니다. 단, 부모의 욕심이 아닌 진정한 축원이어야 합니다. 그 축원의 예를 들겠습니다.

"항상 건강하고 평화로움과 행복이 충만하게 해
주셔서 감사합니다."
"○○○의 뜻과 같이 이루어지게 해주셔서 감사
합니다."
"○○○이 밝고 바르고 평화로운 삶을 살게 해주
셔서 감사합니다."

집을 나서는 아이의 뒷모습을 보면서, 또 아이에 대
한 걱정이나 불안이 느껴질 때마다 불보살님의 명호
를 외우며 이렇게 축원하고 감사해보십시오. 참으로
아이가 긍정적으로 변할 뿐 아니라, 자비롭고 지혜롭
고 평화롭고 행복하게 성장하고 잘 살 수 있게 됩니
다.
물론 아이뿐만이 아니라 부모·남편·아내를 향해
서도 이렇게 축원을 하면 근심걱정이나 불안감이 평
화로움과 행복함으로 바뀔 수 있게 됩니다.
자, 이제 근심걱정을 하시렵니까? 축원과 감사를
하시렵니까? 불안과 두려움 속에서 사시렵니까? 축
원으로 우리 가족을 평화롭고 행복하게 만드시렵니

까?

물론 대답은 '축원이요 감사'일 것이라 믿어 의심치 않습니다.

평화로움과 행복! 이것은 특별한 것이 아닙니다. 우리와 무관한 것도 아닙니다. 우리의 불안과 두려움과 근심걱정을 뒤집으면, 바로 이 자리에 평화로움과 행복함이 펼쳐집니다.

꼭 유념하십시오. 실체가 없는 구름은 언제든지 오고 갑니다. 그리고 청산 또한 언제나 한결같이 지금 이 자리에 있습니다. 언제나 평화롭고 행복한 청산이….

❧

아무 것도 아닌듯하면서도 곰곰이 따져보면, 두려움을 해소시켜 평화로움을 안겨 주는 이 무외시야말로 최상의 보시요 큰 복을 짓는 불사입니다. 우리 모두 주위 사람들에게 평화로움을 주는 무외의 보시를 즐겨 베풀어 봅시다.

누군가에게 어려운 일이 닥쳐서 "어휴, 이를 어떻게 하나?"고 할 때 "어떻게 하긴 무엇을 어떻게 해. 용기를 잃지 않으면 할 수 있어."하면서 안심을 시켜

주고, "이러다가 내가 죽는 게 아닐까?" 할 때, "그런 염려 말아라. 부처님께서 너와 함께 계시잖아!" 하면서 마음을 편안하게 만들어주어야 합니다.

정녕 무외시는 돈이 드는 것도 아니고 힘이 드는 것도 아닙니다. 오직 우리가 하고자 마음만 내면 할 수 있는 것입니다.

흔들림 없는 자세로 5계를 지키며 바르게 살고, 한마디의 축원祝願과 함께 따뜻한 마음으로 무외의 보시를 베풀어, 내 주위를 온통 훈훈한 복밭福田으로 바꾸고, 평화로움으로 가득 채우시기를 두손 모아 축원드립니다.

보시의 참뜻과 무주상보시

보시의 참뜻

앞에서 우리는 재시財施 · 법시法施 · 무외시無畏施의 세 가지 보시에 대해 살펴보았고, 이제 이 보시 속에 간직되어 있는 참뜻이 무엇인지를 살펴볼 때가 되었습니다.

과연 부처님께서 여러 경전을 통하여 보시할 것을 누누이 강조하신 까닭은 무엇일까?

그것은 오직 하나로 요약 됩니다.

나와 남을 살리고 깨어나게 하고자 함입니다. 그래서 다른 사람을 비롯하여 일체중생에게 내가 가지고 있는 물질과 육체적인 힘과 정신적인 능력으로 그들을 도우라는 것입니다.

그런데 여기에 대해 의문을 가지는 사람들이 있습니다.

"보시가 남을 살리고 깨어나게 한다는 데는 공감을 하지만, 나를 살리고 깨어나게 한다는 것은 무슨 말인가?"

그렇습니다. 당연한 의문입니다. 하지만 이렇게 돈과 물질로 남을 도와주고, 법시로 올바른 삶의 방법과 진리를 깨우쳐주고, 무외시로 두려움이 없는 평화의 경지로 이끌어준다면 그 복이 어찌 크지 않겠습니까? 참으로 무량한 복이라 하지 않을 수 없습니다.

그리고 이 무량한 복은 마침내 '나'를 행복하게 만들고 해탈의 자리에 오르게 하니, 어찌 보시가 나를 살리고 깨어나게 하는 실천의 행이 아니겠습니까? 보시야말로 나와 남을 함께 살리고, 이 세상을 불국토로 바꾸는 초석이 됩니다.

물론 이 보시의 복은 베푸는 양에 비례하여 생겨나는 것이 아닙니다. 진정으로, 순수한 마음으로 베풀면 됩니다. 어머니의 마음으로 베풀면 됩니다.

캐나다에 사는 우리 교포가 들려준 이야기입니다.

초등학교를 다니는 딸아이가 정원에서 그네를 타고 있는데, 지저분한 옷차림의 부랑자가 거친 목소리로 물었습니다.

"엄마 계시지?"

그리고는 아이의 답을 듣지도 않은 채 현관 쪽으로 걸어 들어갔고, 때마침 화단에서 꽃에 물을 주고 있던 아이의 어머니와 마주쳤습니다.

"부인, 먹을 것 좀 줄 수 있겠습니까?"

어머니는 온화한 미소를 지으며 집 입구의 테라스에 있는 식탁에 앉을 것을 권했습니다. 그리고 잠시 후에 고기를 곁들인 음식을 들고 나와 그에게 주었습니다.

"고맙습니다."

이 말 한마디와 함께 부랑자는 음식을 받아 허겁지겁 먹어치웠고, 다 먹은 후에는 당연히 대접받아야 할 것을 먹은 양 대문 밖으로 유유히 걸어 나왔습니다.

딸아이는 그네를 타면서 그 모습을 처음부터 끝까지 지켜보았습니다. 그런데 이해할 수 없는 것은 게으르고 지저분한 부랑자가 아니라, 그 부랑자에게 음식을 나누어주는 어머니였습니다.

"엄마, 저 사람과 같은 부랑자들은 게으르고 일도

하지 않는다고 들었어. 그런데 왜 저런 사람에게 음식을 나누어 주는 거야?"

그러자 어머니가 사랑을 가득 담은 미소를 지으며 답했습니다.

"내가 너를 사랑하고 있는 것과 같이, 저 사람도 아이였을 때는 어머니의 사랑을 받지 않았겠니? 나는 저 사람의 어머니를 생각하면서 그에게 음식을 준 것이란다."

뭉클함을 느낀 딸아이는 어머니의 이 말씀을 늘 마음에 품고 살면서 즐겨 보시를 행한다고 하였습니다.

❧

어린 자식을 기르는 어머니의 마음, 부모의 마음으로 베풀면 아무리 사소한 베풂일지라도 큰 복덕을 안겨줍니다. 어머니의 자비심을 품고 있기 때문에 베풀고 돕는 가운데 평화와 행복의 삶이 펼쳐지게 되고, 돕는 이와 도움을 받는 이가 함께 깨어나고 함께 살아나게 되는 것입니다.

나아가 어머니의 마음으로 보시를 하면 크나큰 복덕을 이룰 뿐 아니라 이 세상을 행복의 나라로, 불국토로 만드는 씨앗을 싹 틔우게 됩니다.

보답도 집착도 자랑도 하지 말라

그런데 어린 자식을 기르는 어머니의 마음은 어떻습니까? 아이를 키우는 그때 보답을 바랍니까? 아닙니다. 그럼 자식에게 베푼 것을 자랑하며 삽니까? 아닙니다. 그냥 깊은 사랑의 마음으로 최선을 다해 보살펴 주고자 할 뿐입니다.

바로 이것입니다. 보시를 한 다음에 꼭 명심해야 할 것은, '어머니의 마음이 되어 보답을 바라지도 집착을 하지도 말고, 자랑도 하지 말라'는 것입니다.

보답을 바라고 하는 보시는 진짜 보시가 아닙니다. 참된 베풂이 아니라 일종의 거래입니다. 과연 거래의 결과는 어떻습니까? 거래는 일정한 이익이나 손실을 가져다 줄뿐, 참된 행복을 가져다주지 않습니다. 거래로는 이 대우주법계에 충만되어 있는 무한 행복의 기운을 움직일 수가 없는 것입니다.

그리고 상대방이 잘났기 때문에, 나의 마음에 들기 때문에 보시를 하는 것 또한 일종의 거래일뿐 참된 보시가 되지 못합니다. 더군다나 '나'를 나타내고 나의 욕심을 채우기 위해, 또 내 가족의 욕심을 채우기 위해 보시를 하고 기부를 하는 것이라면 그 결과가 어찌 참된 행복이겠습니까?

그러므로 베풀 때는 그냥 베풀어야 합니다. 줄 때는 그냥 주어야 합니다. 그렇게 하여야만 대우주법계의 기운이 나와 함께 합니다.

근대 한국불교계의 천진도인으로 널리 알려진 혜월 (慧月:1862~1936) 스님의 일화는 참된 보시가 어떠한 것인지를 잘 보여주고 있습니다.

❀

혜월스님이 부산 선암사에 계실 때 한 신도가 찾아와서 아버지의 49재를 지내달라며 100원을 시주하였습니다. 당시는 쌀 한 가마에 1~2원을 할 때였으므로 이는 매우 큰 거금이었습니다.

스님은 이 돈을 주머니에 넣고 재에 필요한 것들을 사기 위해 절의 살림을 맡고 있는 원주스님을 데리고 시장으로 향했습니다. 그런데 아기를 품에 안은 한 여인이 시장 입구의 땅바닥에 앉아 몸부림을 치며 슬피우는 기막힌 장면을 보게 되었습니다.

스님이 여인에게 다가가 그 까닭을 묻자, 통곡하는 여인 대신 곁에 있던 한 늙은이가 사연을 설명해 주었습니다.

"이 새댁은 몇 해 전에 결혼을 하였지요. 이듬해에 아기를 밴 다음부터 남편이 큰 병에 걸려 자리에 눕게 되었고, 여러 해 동안 병구완을 하고 아기를 키우다 보니 많은 빚을 지게 되었답니다. 더구나 그렇게 힘들여 간호하였건만 남편은 결국 죽고 말았지요. 어린 아기와 갚을 길 없는 빚만 남겨 두고…. 그런데 그 빚이 눈덩이처럼 불어나서 엄청난 액수가 되었고, 그 돈 때문에 매일 빚쟁이들에게 시달리고 있습니다. 조금 전에도 빚쟁이들이 찾아와서 한바탕 난동을 부렸지요."

"그 빚이 얼마나 되느냐?"

여인은 모기만한 소리로 답했습니다.

"80원쯤 됩니다."

이 말이 떨어지자 혜월스님은 허리춤에 차고 있던 주머니의 끈을 풀어 80원을 꺼내더니 그 여인에게 주었습니다. 큰 거금을 잠시의 주저함도 없이 꺼내어 주는 스님의 행동에 모두가 술렁이기 시작했습니다. 그러나 스님은 분위기에 아랑곳 하지 않고 다시 여인에게 말했습니다.

"그래, 빚을 갚은 다음에는 어떻게 살려느냐?"

대답이 없자 스님은, 주머니에서 나머지 20원을 꺼

내 여인에게 주고는 절로 되돌아갔습니다. 이 모든 것이 순식간에 일어났기 때문에 옆에 있던 원주스님도 말릴 수가 없었고, 여인 또한 미처 감사의 인사조차 하지 못했습니다.

다음날 재주齋主가 재를 지내러 왔을 때 원주스님은 매우 미안해하면서 자초지종을 이야기하였습니다. 그런데 재주는 나무라기는커녕, 혜월스님께 다시 100원을 시주하면서 말했습니다.

"스님, 참으로 진짜 재를 지내주셨습니다. 정말 감사합니다."

§

정녕 대우주법계의 평화와 행복의 기운을 '나' 쪽으로 모으기 위해서는 이 혜월스님처럼 집착 없이 베풀어야 합니다. '내가 누구에게 무엇을 주었다'는 집착 없이 베풀어야 합니다.

집착 없는 보시. 가족을 비롯하여 인연 있는 사람에게 집착 없이 베풀면 우주의 무한 행복을 능히 수용하고 해탈의 길로 나아갈 수 있습니다.

또 한 가지, 혜월스님처럼 베풀고 난 다음에는 자랑을 하지 말아야 합니다.

절이나 복지단체나 어떤 사람에게 보시를 하였으면 바로 그 순간에 입을 닫고 마음을 비워야 합니다. 물질을 베풀었건, 법문을 하였건, 몸으로 봉사를 하였건, 그 보시에 대한 생각을 계속 지니고 다녀서는 안 됩니다. 그래야만 참된 복이 되고 깨달음을 이루는 공덕이 되기 때문입니다.

그런데 이와 같은 원리를 모르는 많은 사람들은 '베풀었다'는 그 사실을 자랑하기에 바쁩니다.

"우리 어머니 생신날, 양로원에 가서 보시를 하고 왔어."

그러나 자랑하고 싶고 뽐내고 싶은 그 말과 마음 때문에 양로원에 가서 보시를 한 공덕이 부수어진다는 것을 모르고 있습니다. 나의 공덕만이 아닙니다. 어머니에게 돌아갈 공덕까지도 부수어져 버립니다. 때로는 이 자랑이 잘 지어놓은 복을 완전히 갉아먹는 경우까지 있습니다.

물론 많은 불자들이 이 사실을 알고는 있지만, 이 자랑하고 싶은 마음을 떨쳐 버리기는 쉽지가 않습니다. 하지만 좋은 일을 하고 난 후에 '좋은 일을 했다'고 말로써 으스대거나 행한 보시에 대한 집착을 놓지 못하면 무한행복과 연결되지 못 합니다. 그 좋은 일이 인과응보 수준의 복으로 끝나고 맙니다.

"돈 얼마를 어느 절에 시주했어. 잘 했지?"

이렇게 자랑을 하면 자랑하는 그 순간부터 지은 복의 과보를 받기 시작하고, 오히려 자랑이 지나치면 그 자랑 때문에 지은 복을 순식간에 다 까먹어 버리기까지 합니다.

생각을 해 보십시오. 복의 씨를 심었으면 싹이 트고 열매를 맺을 그때까지 기다릴 줄 알아야 합니다. 그런데 복의 씨를 심기가 무섭게 '내가 심은 씨가 이런 것'이라며 땅을 다시 파고 씨앗을 꺼내어 만지작거린다면 어떻게 되겠습니까?

베푼 것에 집착하지 않고 베푼 것을 자랑하지 않아야 금강경의 무주상보시無住相布施와 통하게 됩니다. 혜월스님처럼 '상에 머무름이 없는 보시'를 실천할 수 있게 되는 것입니다.

해와 달, 봄바람 같은 무주상보시

모름지기 차츰차츰 무주상보시無住相布施를 해나가
십시오. 보시에 대한 마음을 해와 달이나 봄바람처럼
바꾸어 가십시오.

해와 달은 누가 칭찬을 하건 비방을 하건, 기름진
땅이든 척박한 땅이든 한결같이 비추어 줍니다. 수만
년 수억 년을 비추지만 조금도 자랑을 하거나 섭섭해
하지 않습니다. 어제도 오늘도 내일도 한결같이, 그
리고 구름이 시야를 가릴지라도 해와 달은 비추기를
멈추지 않습니다.

해와 달이 온 세상을 비출 때를 생각해 보십시오.
해와 달은 높은 자리 낮은 자리, 붉은 자리 푸른 자
리, 생물과 무생물을 구별하여 빛을 비추지 않습니
다. 마냥 빛을 뿜어 산에도 비춰주고 바다에도 비춰
주고, 흙·바위·나무·풀·동물·사람 할 것 없이
모두를 그냥 비추어 줍니다. 그것이 무주상보시입니
다.

해와 달이 '나'라는 생각 없이, '내가'·'누구에
게'·'비춰준다'는 생각 없이 온 누리에 빛을 주듯
이, 우리도 나에 머무르는 바 없이, 대상에 머무르는

바 없이 살아가면 저절로 청정심을 유지할 수 있게 됩니다.

정녕 우리가 해와 달처럼 베풀면 무주상보시의 한량없는 공덕이 그대로 나의 것이 됩니다. 불보살님의 복이 한량없는 까닭을 아십니까? 바로 이와 같은 무주상의 베풂 때문입니다. 무주상보시를 하기 때문입니다.

우리도 해와 달처럼 무주상으로 베풀면 법계에 가득한 행복과 하나가 됩니다. 써도 써도 다함이 없는 복덕을 끊임없이 누릴 수 있게 되는 것입니다.

또한 무주상보시는 봄바람이 지나가듯이 보시를 하는 것입니다. 봄바람은 집착이 없습니다. 봄바람은 '저 나무의 꽃을 붉게 만들어야겠다. 노랗게 만들어야겠다'는 생각이 없습니다. 그냥 아무런 차별 없이 모든 나무들에게 따스한 바람을 안겨줄 뿐입니다.

그런데 묘하게도 봄바람이 지나가고 나면 모든 식물들이 깨어납니다. 붉은 꽃도 피고 노란 꽃도 피고 푸른 잎도 돋아납니다. 이 얼마나 경이로운 현상입니까?

우리도 이 봄바람처럼 베풀어야 합니다. 그냥 베풀면 되는데, 굳이 '내가 꽃을 피워주었다', '잎을 돋게 하였다'고 집착할 것이 무엇입니까?

이제부터는 보시를 할 때, '저 사람은 예쁘니까 이렇게 해주고 이 사람은 이용가치가 있으니까 저렇게 해준다'는 차별적인 생각을 놓아 버려야 합니다. 멀고 가까움, 나의 분별과 집착을 놓아 버리고, 봄바람처럼 베풀어야 합니다. 정성을 다하는 봄바람이 되어 인연 따라 그 사람들 각각이 잘 살아나고 깨어날 수 있도록 베풀면 그것이 최상의 보시인 것입니다.

진정으로 상대를 위하고 살리고 싶다면 봄바람처럼 베풀 뿐, 나의 관념이나 희망에 빠져 보시하면 안 됩니다. 내 마음 속에 상대에 대한 희망과 관념을 만들어 놓고 보시를 하면 안됩니다. 우리의 베풂이 진정한 가치를 발휘하지 못하게 되는 까닭이 바로 여기에 있기 때문입니다.

그러므로 나의 마음을 확 풀어버리고 보시를 해야 합니다. 얽히고설킨 나의 마음을 풀고 봄바람이 되어야 합니다.

물론 해와 달 같은, 봄바람 같은 무주상의 보시를 하기란 참으로 어렵습니다. 하지만 조금씩이라도 더 자비의 마음을 열어 집착 없이, 자랑하지 않고 베풀어 보십시오. '당연히 해야 할 일을 하는 것일 뿐'이라며 베풀어 보십시오. 오히려 베푼 것의 몇십 배 몇 백 배 만큼이나 되는 복덕이 되돌아온다는 것을 곧 느끼게 될 것입니다.

　봄바람이 되어 나도 살고 남도 살고 모두를 함께 살아나게 하는 것. 나도 피어나고 남도 피어나고 모두가 함께 피어나게 하는 것! 이것이 무주상이요 보시의 참뜻이라는 것을 꼭 명심하시기 바랍니다.

보시의 최종 목표는 성불

이제 보시를 하는 우리가 세워야 할 목표에 대해 이야기 하는 것으로 보시섭에 대한 글을 마무리 짓겠습니다.

부처님께서 우리에게 보시를 권하신 까닭은 가난을 구하고, 평화를 얻고, 다함께 살아나고 깨어나서 행복해지자는 등의 여러 가지 까닭이 있지만, 최종의 목표는 성불成佛에 있습니다. 부처가 되기 위해 보시를 하는 것입니다.

단순히 남을 돕고 만족을 얻기 위해 보시를 하라는 것이 아닙니다. 부처가 되기 위해 보시를 하라는 것입니다.

한량없는 복을 얻기 위해 보시를 하라는 것이 아닙니다. 부처가 되기 위해 보시를 실천하라는 것입니다.

내생에 잘 살기 위해 보시를 하라는 것이 아닙니다. 부처가 되기 위해 보시를 하라는 것입니다.

눈앞의 소원을 성취하기 위해 보시를 하라는 것이 아닙니다. 부처가 되려고 보시를 하라는 것입니다.

이와 같이 부처님께서 설정하신 보시의 목표는 성

불입니다. 보시의 원대한 뜻은 부처가 되는 데 있습니다. 그런데도 대부분의 불자들은 성불이라는 목표를 잊은 채 보시를 합니다.

부처가 되려고 보시하는 것과 단순한 눈앞의 이익을 위해 보시를 하는 것. 이 목표의 차이에 의해 결과는 판이하게 달라집니다. 육체적인 보시인 봉사를 예로 들겠습니다.

월간 「법공양」 회원들 중에도 봉사활동을 하는 사람이 많은데, 그들에게 '봉사를 하는 까닭이 무엇인지?'를 물으면, 대부분이 '좋은 일을 하고 싶어서'라고 대답합니다. 그때 나는 되묻습니다.

"봉사하고 보시하는 것 자체가 부처님 되는 길이라는 것을 알고 계십니까?"

꼭 기억해주십시오. 불교의 보시나 봉사는 단순한 선행에 머물지 않습니다. 복을 짓고 복을 받기 위해 봉사를 하고 보시를 하는 것이 아닙니다. 부처가 되려고 보시를 하고 봉사를 하는 것입니다.

모름지기 우리 불자들은 삶 자체를 '부처님 되어가는 과정'으로 삼아야 합니다. 그래야만 흔들림 없이 가장 훌륭하고 가장 멋진 자리로 나아갈 수 있습니다.

또한 보시의 목표가 성불이기 때문에 상에 집착하는 유주상보시有住相布施에 떨어져서는 안됩니다. 목표가 성불이기 때문에 무주상보시를 해야 합니다. 나에 머물지 않는, '나가 없는 무아無我의 보시'로 나아가야 합니다.

보시가 무엇입니까? 보시는 바로 버리는 것입니다. 나를 비우는 것입니다. 부처님과 같은 위없는 깨달음을 이루려면 무엇보다 먼저 '나'를 버려야 합니다. '나'를 비워야 합니다. 무아가 되어야 합니다. 나를 버리고 비우고 무아가 되어야만 위없는 깨달음을 이룰 수 있습니다.

왜 일까요? 우리가 '나'로 삼고 있는 이 나는 바로 '자아自我'입니다. '스스로가 만들어낸 나'요, 나의 망상과 욕심과 어리석음에 사로잡혀 있는 나일 뿐입니다. 그야말로 뜬구름과 같은 나입니다. 그런데도 우리는 이 뜬구름과 같은 자아를 '나'라고 고집하며 살고, 그 '나'가 취한 것을 '내 것'이라 고집하며 살아갑니다.

그러나 가만히 생각을 해보십시오. 구름에 실체가 있습니까? 홀연히 일어나 여러 가지 모습으로 변하였다가 문득 사라지는 구름. 우리의 인생도 이 구름과 같습니다. 우리가 그토록 집착을 하여 만들어낸 자아도 구름과 같습니다.

그 구름에 실체가 없다는 것은 누구나 알고 있습니다. 우리가 고집하여 잡고 있는 자아 또한 마찬가지입니다. 자아의 '나'는 원래 없습니다. 실체가 없는 무아無我입니다. 구름과 같이 원래 실체가 없는 것입니다.

정녕 실체가 없는 구름을 잡고 있어 보십시오. 어떻게 됩니까? 결국 허무하게 사라질 뿐입니다. 그리고 또 인연 따라 한 조각의 구름이 되어 떠돌다가 흩어지고 맙니다.

그래서 부처님께서는 일어났다가 사라지는 구름이 아니라 하늘이 되고, 나 스스로가 만들어낸 자아가 아니라 참된 나를 되찾는 방법으로 보시를 가르친 것입니다. 곧 보시를 통하여 자아가 본래 없다는 '무아'의 법을 깨달아 하늘과 같은 참된 나를 회복하도록 하신 것입니다.

또한 나를 버리고 나를 비우는 데에는 보시가 가장 좋은 방법이라 하여, 보시 · 지계 · 인욕 · 정진 · 선정 · 반야로 구성된 육바라밀의 가장 첫머리에 보시를 둔 것입니다.

실로 봉사를 비롯하여 보시를 잘하면 삶에 힘이 붙습니다. 나아갈 길이 보이고 삶이 즐거워집니다. 이 좋은 보시! 그런데 불자들은 다른 종교인에 비해 보시를 너무도 하지 않습니다. 스스로 보시하고 봉사하기 보다는 은근히 남에게 미루어 버립니다.

　이제부터는 육체적인 보시인 봉사를 비롯하여 각종 보시를 스스로 하고자 하십시오. 부처가 되겠다는 목표 속에서 각종 보시를 많이 하면 할수록 길이 넓게 열립니다. 고난이 스스로 물러나기 때문에 여유롭게 살 수 있고 행복하게 살 수 있습니다.

　보시를 잘하면 절대로 절망에 빠지지 않습니다. 늘 희망과 행복의 길이 보입니다. 참된 보시를 통하여 이기적인 나를 비워가기 때문에 절망이 물러가고 행복만이 가득해집니다.

　곧 절망은 '나'가 있기 때문에 찾아듭니다. 이기적인 나로 말미암아 기쁨과 슬픔, 좋고 싫음, 이익과 손해 등의 상대적인 세계 속에 주저앉아 있기 때문에 절망감의 구렁텅이 속으로 빠져들게 되는 것입니다.

　부디 성불을 목표로 삼고 무주상으로, 해처럼 달처럼 봄바람처럼 무주상의 보시를 하면서 부지런히 '나'를 비워가십시오.

보시를 통하여 나를 비우면 비울수록, 무아를 체득하면 체득할수록, '나와 남이 함께 살아나는 길'을 분명히 알 수 있게 되고, 그 길 속에서 가치와 보람과 행복을 느끼며 능동적으로 살 수 있게 됩니다. 그리고 우리가 하는 일 모두가 성불의 밑거름이 됩니다.

부처님께서 가르친 보시는 결국 무아의 보시입니다. 어떠한 보답도 바라지 않는 무아와 무주상의 보시를 하라는 것입니다.

보시가 좋은 일이라 하여 지나친 보시 욕심을 내지도 말고 너무 잘하려고 집착하지도 마십시오. 그냥 해와 달과 봄바람처럼, 보답을 바람이 없이 나에게 주어진 책임을 다하고 능력껏 베풀며 사십시오.

그렇게 살다 보면 어느 순간에 문득 무아임을 깨닫게 되고 대우주와 그대로 하나가 되는, 참으로 행복하고 평화롭고 자유자재한 진아를 체득하게 될 것입니다.

그날이 올 때까지 꾸준히 나아가시기를 두 손 모아 축원하고 또 축원드리옵니다.

나무마하반야바라밀.

애어섭愛語攝

함께 살아나는 애어愛語

애어愛語를 잘 성취하려면

함께 살아나는 애어愛語

애어는 정어正語

애어愛語를 한자의 뜻 그대로 풀면 '사랑의 말'이
됩니다. 그러나 애어는 단순히 사랑하는 사람끼리 나
누는 말이 아닙니다. 사랑할 때만 나누는 대화가 아
닙니다. 사랑의 언어인 애어!

사랑이 무엇입니까? 사랑은 살리는 것입니다. 우리
가 무언가를 진정으로 사랑한다면 서로가 서로를 살
리며 살려가야 합니다. 함께 살아나야 합니다. 그 사
랑 속에서 서로가 서로를 살려 함께 깨어나고 향상하
면서 함께 행복해지는 것이 사랑입니다.

애어 또한 마찬가지입니다. 바로 살리는 말입니다.
서로를 살리는 말, 희망과 용기를 주고 깨어나고 향

상되게 해주는 말이 애어입니다. 곧 부처님께서 팔정도를 통하여 설하신 정어正語가 애어입니다.

　애어를 잘하려면 정어가 잘되어야 합니다. 먼저 부처님께서 설하신 정어의 정의부터 살펴봅시다.

　정어란 거짓말을 떠남이요, 이간질이나 중상모략하는 말을 떠남이요, 욕이나 거친 말을 떠남이며, 잡되고 무의미한 말을 떠난 말이니라.

　　　　　　　　　　　　　　　　 - 사제분별경

　이 정의에서 ① 거짓말은 망어妄語이고 ② 이간질이나 중상모략하는 말은 양설兩舌, ③ 욕이나 거친 말은 악구惡口이며 ④ 잡되고 무의미한 말은 기어綺語입니다. 이 망어·양설·악구·기어에 대해 살펴보면서 참된 애어가 무엇인지를 알아보고자 합니다.

　첫 번째의 삿된 말인 망어妄語, 곧 거짓말은 사실 또는 진실이 아닌 것을 사실이나 진실처럼 꾸며서 남을 속이는 말입니다.

　이 거짓말을 자주 하면 믿음을 잃게 되고 비방을 받게 되며 근심걱정이 끊이지 않게 됩니다. 또한 사소한 거짓말을 자주 하다 보면 큰 거짓말도 서슴없이 할 수 있게 되고, 큰 거짓말이 능해지면 지옥의 문이 활짝 열리게 되는 것입니다.

절대로 하여서는 안 될 큰 거짓말. 이것을 불교에서는 대망어大妄語라고 합니다. 어떤 것이 큰 거짓말인가? 사람들의 공경을 받기 위해 '나는 도를 깨달았다', '나는 부처의 경지에 이르렀다'는 등 성인을 자처하는 경우입니다.

이 대망어를 범하면 '나'의 바른 수행을 막는 것은 물론이요 다른 사람까지 미혹에 빠져들게 하며, 깨달음의 싹을 자르는 결과를 초래하기 때문에 절대로 범하지 말아야 한다는 것입니다.

이 대망어에 비해 소망어小妄語는 참회를 하면 죄가 소멸되는 일반적인 거짓말입니다. 한평생을 살면서 거짓말을 한 번도 하지 않고 사는 사람은 거의 없을 것입니다. 아주 가벼운 거짓말, 불가피한 거짓말, 상대방에게 약간의 피해를 주는 거짓말은 하지 않고 살기가 힘듭니다.

하지만 늘 진실한 말을 하고자 노력해야 합니다. 보고 들었고 행하였고 안 것은 '보고 듣고 행하였고 안다'고 하여야 하며, 보지 못했고 듣지 못했고 행하지 않았고 알지 못하는 것에 대하여서는 '모른다'고 할 줄 알아야 합니다. '나'의 위상을 올리기 위해 내뱉는 거짓말만은 절대로 하여서는 안됩니다.

그러나 때로는 반드시 거짓말을 해야 할 경우도 있고, 거짓말을 하지 않으면 도리어 그릇된 결과를 불러일으키는 경우도 있습니다.

예컨대 두려움이 많은 사람이 난치병이나 불치병에 걸렸을때 그 증세를 곧바로 말해줄 경우에는 그의 수명을 단축시키는 결과를 가져올 수도 있습니다. 그러므로 의사나 가족들은 약간의 거짓말로 환자를 안심시키고, 자신감 속에서 투병에 임할 수 있도록 배려해야 합니다.

특히 바른 말을 함으로써 선량하고 무고한 사람이나 수많은 생명이 살상을 당하게 되고 손해를 입게 되는 경우라면 반드시 거짓말을 하여 저들을 구해주어야 합니다.

이러한 경우의 거짓말을 부처님께서는 여망어餘妄語, 곧 여유있는 망어라 하셨고, 이 여망어는 죄가 되지 않는다고 하셨습니다. 방편으로 살짝 거짓말을 함으로써 서로를 살리고 더 좋은 결과를 가져오게 하는 여망어가 어찌 그릇된 말이겠습니까? 오히려 넉넉하고 자비로운 마음이 없으면 결코 이와 같은 여망어를 할 수가 없습니다.

❀

대구의 한 여인은 정씨 성을 가진 남자와 결혼을 하였는데, 채 1년도 되기 전에 남편이 교통사고로 사망하고 말았습니다. 금슬이 매우 좋았던 부부였기에 그녀는 재혼을 하지 않고 생후 5개월 된 여자아기를 입양하여, 그 아기를 키우는 재미로 살았습니다.

그녀는 아이를 13년 동안 친자식 이상으로 정성을 다해 키웠는데, 친정 어머니의 말 한마디로 인해 하루아침에 불행에 휩싸였습니다. 딸이 혼자 사는 것을 안타깝게 여겼던 친정어머니는 딸에게 재혼을 할 것을 자주 권하였고, 그때마다 딸은 '저 아이 하나면 충분하다'고 하였습니다. 마침내 친정어머니는 아이에게 폭탄선언을 하였습니다.

"지금의 네 엄마는 친 엄마가 아니다. 그리고 너는 정씨도 아니다. 어릴 때 입양하여 키운 것이야."

이 말을 들은 아이는 엄마에게 '친부모를 찾아 달라', '왜 성을 바꾸었느냐?'며 대들었고, 집을 뛰쳐나가 며칠씩 돌아오지 않기를 반복하였습니다. 비록 거짓말을 한 것은 아니었지만 할머니의 말 한마디로 집안이 쑥대밭으로 변하고 만 것입니다.

이후 여인은 친정어머니에 대한 실망감과 원망으로, 친정에 가지 않는 것은 물론이요 연락조차 끊고 살았습니다.

ఇ

'내 딸을 위해서는 딸이 데려다가 키우는 손녀가 그릇되어도 좋다. 더욱이 내가 하는 말은 거짓이 아니니….'

주위를 둘러보면 이와 유사한 경우를 종종 볼 수 있습니다. 과연 이와 같은 생각으로 거짓이 아닌 진실한 말만을 하는 것이 바르고 잘하는 것일까요? 틀림없이 아닐 것입니다.

나의 이익을 위해서는 거짓말을 하지 않지만, 나와 남을 함께 살리는 경우라면 기꺼이 여망어를 할 줄 알아야 합니다. 왜? 여망어가 바로 애어이기 때문입니다.

부처님께서 설하신 두 번째 삿된 말은 양설兩舌입니다.

양설은 '두 개의 혀를 가졌다'는 것으로, 이 사람에게는 이렇게 말하고 저 사람에게는 저렇게 말함으로써 둘 사이를 이간 붙이고 서로 다투게 하는 것입니다.

혀가 하나뿐인 인간이 두 개의 혀가 있는 듯이 두 말로써 다른 사람을 비방하고 중상모략을 하게 되면 반드시 화합이 깨어지고, 화합이 깨어지면 평화가 깨어지며, 평화가 깨어지면 지옥과도 같은 상황 속에서 모두가 불행하게 살 수밖에 없습니다.

만약 주위에 서로 다투는 이가 있다면 자비로운 마음으로 두 사람의 말을 화합시켜 서로를 평화롭게 만들어 주는 것이 마땅하거늘, 어찌 양설로써 평지에 풍파를 일으킬 것이겠습니까? 양설로 싸움을 붙인다 하여 나에게 돌아오는 것은 비방뿐이며, 쌓이는 것은 죄업뿐입니다. 그러므로 양설이 아니라 시비를 잠재우는 말을 하여 서로를 화합시켜야 합니다.

그리고 화합을 시키지 못할 처지라면 이쪽 저쪽을 찾아다니며 설득하려 하지 말고, 오히려 침묵을 지키는 편이 낫습니다. 침묵 속에서 시시비비是是非非, 곧 옳고 그른 것을 모두 떠나면 참된 것이 저절로 찾아들게 되어 있습니다.

실로 시비를 가리고 나와 남, 이쪽과 저쪽을 분별하는 마음이 중생심衆生心이요, 이 중생심으로 바깥의 경계를 좇아 부산하게 살아가면 결코 잘 살 수가 없습니다. '나 잘났다'며 두 혀를 내두르고, 나의 이익을 위해 두 말을 자꾸 하면 반드시 손해를 보게 되며, 나만 못난 인간이 될 뿐입니다.

모름지기 우리는 이쪽저쪽 다른 말로써 사람들을 이간시키지 말아야 합니다. 두 혀를 놀려 남을 이간시키면 행복과 평화로움이 자꾸만 멀어질 뿐입니다. 마땅히 양설이 아닌 화합의 언어를 구사하여 서로를 살려 가야 합니다. 화합의 언어야말로 무량공덕을 안겨주는 애어라는 것을 꼭 기억하시기 바랍니다.

세 번째 삿된 말인 악구惡口는 추악한 말입니다. 욕·저주·거친 말·희롱하는 말 등이 악구에 속하며, 이러한 악구는 상대로 하여금 견디기 힘든 모욕감을 느끼게 합니다.

그런데 왜 이와 같은 나쁜 말을 하는 것일까? 바로 내 마음에 들지 않기 때문에, 내 욕심대로 되지 않기 때문에, 나의 마음속에 증오·분노·시기·질투가 들끓기 때문에, 마음의 평정을 잃었기 때문에 악구를 내뱉게 되는 것입니다. 바꾸어 말하면 삼독심 중 진심嗔心의 표출이 악구입니다.

물론 어떤 사람은 주장할 것입니다.

"화가 나는데 어떻게 해? 욕이라도 해야지."

그러나 이 악구가 내 속을 독기로 채우고 상대에게 독을 뿜는 일이라는 것, 진심을 품고 악구를 내뱉게 되면 악구가 상대의 가슴에 못이 되어 박히게 되고, 그 결과가 반드시 앙갚음으로 돌아온다는 것을 모르지는 않을 것입니다.

이 악구가 나쁘다는 것은 누구나 다 알고 있을 것이므로 자세히 설명하지는 않겠습니다. 다만 우리가 일상생활 속에서 자주 쓰는 말 중에 언뜻 듣기에는 나쁜 말이 아닌 것 같지만 결과적으로 악담이 되는 말에 대해 함께 생각해 보고자 합니다.

이러한 말은 타인보다는 부모 자식 사이에 적용되는 경우가 많습니다. 자식이 그릇되게 행동하고 마음에 들지 않을 때 부모들은 쉽게 말합니다.

'저놈의 자식이!' 라는 말부터 시작하여 '저 망할 놈의 자식', '저 빌어먹을 놈'이라는 말을 잘도 내뱉습니다.

그런데 부모가 자식에게 '빌어먹을 놈'이라고 말하

는 것은 자녀에게 빌어먹을 기운을 보내주는 것이나 다를 바가 없습니다. 남도 아니고 가장 인연이 깊은 부모가 '빌어먹어라'고 말해주는데 어찌 자식이 잘 살수가 있겠습니까? 당연히 빌어먹는 거지꼴로 바뀌어갈 수밖에 없게 되고, 언젠가는 빌어먹을 일이 생기고 맙니다.

'망할 놈의 자식' 또한 마찬가지입니다. 자식이 망하면 누구의 애간장이 녹아내립니까? 가장 슬퍼하고 속을 태울 사람이 부모인데도 좋지 않은 말로써 자식의 앞길을 막아버립니다.

또 부모들은 자식이 심하게 애를 먹이거나 자식으로부터 섭섭한 일을 당하였을 때 '너도 나중에'라는 식의 말을 은근 슬쩍 잘합니다.

"너도 나중에 자식을 낳아 키워보면 내 심정을 알게 된다."

"너도 어른이 되어 봐라. 나처럼 될 것이다."

이러한 말들도 악담에 속합니다. 왜 이것이 악담인가? 바로 이 말 속에, '너도 나처럼 자식에게 섭섭함을 느끼고 마음고생을 해보라'는 원망과 저주스런 마음이 깃들어 있기 때문입니다.

물론 '내가 너를 어떻게 낳고 길렀는데 이렇게 말

을 듣지 않느냐'고 하는 섭섭한 생각 때문에 이러한 말을 내뱉게 됩니다. 그리고 '내가 자식에게 쏟는 정성을 놓고 본다면 어찌 허물이 되겠는가?'라고 여길지도 모릅니다.

그러나 이러한 말을 자주 내뱉는 것 자체가 나쁜 인연의 씨를 뿌리는 것입니다. 나쁜 씨를 뿌리면 나쁜 결실을 거둘 수밖에 없듯이, 우리의 자녀들이 부모가 되었을 때 우리가 한 말대로 살게 되는 것입니다.

그렇게 되면 우리의 자녀들도 또다시 자식 때문에 고통을 받게 되고, 그 불행을 지켜보는 우리들도 가슴앓이를 하는 과보를 받게 되고 맙니다. 그러므로 자녀들이 섭섭하거나 원망스럽게 느껴질지라도 함부로 속마음을 내뱉어서는 안됩니다. 세 치 혀. 특히 사랑하는 부모의 한 마디는 무섭게 작용합니다.

결코 잊지 마십시오. 우리가 일상에서 사용하는 말들은 각기 고유한 파장이 있습니다. 부모가 화내는 말, 무시하는 말, 상스러운 말을 내뱉게 되면 그 파장에 따라 자녀들의 성질도 '꿈틀' 하고 일어납니다. 그리고 자식의 마음밭에 그 말을 깊이 심기까지 합니다. 물론 부모의 마음에 못을 박은 자식의 말 또한 마찬가지의 결과를 초래합니다.

반면에 부드러운 말, 사랑이 넘치는 말, 이해하고 배려하는 말을 하게 되면 서로의 마음이 그대로 전해져 온화한 기운이 가득해집니다. 온화한 기운이 가득하면 가정에 평화가 깃들고, 평화가 깃들면 모두가 스스로의 할 바를 열심히 할 수 있게 됩니다. 어찌 이 가족들이 향상을 하지 않을 것이며, 뜻하는 바를 성취하지 못하겠습니까?

그러므로 내가 '우리 가족의 앞길을 가로막는 사람이 되지 않겠다'는 마음으로 서로를 이해해 주면서, 악담보다는 자꾸자꾸 따뜻한 말을 해주고 칭찬을 해주어야 합니다. 그리고 힘들고 섭섭한 때일수록 한결같이 사랑하고 감사하면서 잘되기를 축원祝願해 주어야 합니다.

'부처님, 저 아이가 늘 건강하옵고, 밝고 바르고 평화로운 빛과 힘이 가득 충만하게 해주십시오.'

'사랑하는 저 아이의 앞길을 막는 부모가 되지 않겠습니다. 저 아이의 뜻과 같이 꼭 이루어지게 해주십시오.'

이러한 축원이 불행을 행복으로 바꾸고 나의 불안감을 편안함으로 바꾸어줍니다. 어찌 이 좋은 축원을 버려두고 원망스런 악담을 할 것입니까?

악구는 말 그대로 '나쁜 입'입니다. 나의 입을 나쁜 입으로 만들고 싶은 이가 진실로 있겠습니까? 욕이 아닌 칭찬, 저주가 아닌 희망을 심어주는 말, 비방이 아닌 찬탄, 악담이 아닌 축원은 그야말로 애어입니다. 이러한 애어의 생활화를 통하여 말의 참된 힘을 깨우쳐 나가야 할 것입니다.

정어가 아닌 네 번째 말은 기어綺語입니다.
기어의 '기綺'는 비단이라는 뜻입니다. 비단결처럼 매끄럽게 감기는 말이라 하여 이 글자를 쓴 것입니다. 곧 환심을 사기 위해 꾸며서 하는 말로, 아첨 등이 대표적인 기어이며, 아첨을 자꾸 하다가 보면 자신도 모르게 한없이 교활해집니다.

그리고 넓은 의미에서 보면 뜻도 없고 이익도 없는 말, 지켜지지 않는 공약이나 논란, 잡되고 무의미한 말 등이 모두 기어에 속합니다. 따라서 '쓸데없는 말을 많이 하지 말라'는 것이 불기어不綺語 속에 담겨 있는 정신입니다.

바른 길을 걷는 사람에게 있어 많은 말은 도움이 되지 않습니다. 오히려 말이 많으면 실속이 없어지고, 말의 꼬리를 물고 번뇌가 계속 일어나 마음의 평정을 잃게 됩니다.

그러므로 실속을 차리고 평화로운 삶을 이루고자 하면 될 수 있는 대로 말을 줄여야 하거늘, 어찌 아첨하는 말이나 잡되고 무의미한 말로 허송세월을 할 것입니까? 오로지 상대를 살리고 깨우쳐주고 향상에 도움을 주는 바른 말과 사랑의 말을 하면서 살아야 할 것입니다.

정어, 곧 애어를 잘 실천하려면 무엇보다 먼저 말의 습관을 두려워할 줄 알아야 합니다. 농담으로라도 함부로 거짓말을 해서는 안됩니다. 농담으로 한두 번 거짓말을 하는 재미를 즐기다 보면, 나중에는 진짜 거짓말을 예사로 하면서도 전혀 죄의식을 느끼지 않는 엄청난 결과를 초래하기 때문입니다.

거짓말만이 아닙니다. 이간질 하는 말, 욕설·저주·비방, 아첨이나 무의미한 말 등도 한 번 두 번 하는 것을 방치하다 보면 완전히 습관이 되어, 나중에는 자신도 모르게 내뱉게 되는 것입니다. 그러므로 우리는 평소에 애어를 하는 습관을 길러야 합니다.

망어를 하지 않고 진실하게 말하며, 양설을 하지 않고 화목하게 말하며, 악구를 하지 않고 고운 말을 하며, 기어를 하지 않고 유익하고 도움을 주는 말을 하는 습관을 길러야 합니다. 이렇게 습관을 길러 애어를 생활화 하면 자연히 마음이 편해지고 몸가짐 또한 바르게 됩니다.

모름지기 불자의 언어는 나와 남을 동시에 살리는 애어입니다. 그러므로 애어로써 뭇 생명 있는 이들을 일깨우고 살려, 원만 · 성취 · 진실이 가득한 길로 나아가야 합니다.

애어는 유화선순柔和善順한 말씨

그럼 이 애어를 잘하려면 무엇을 기억해야 하는가?

바로 '유화선순柔和善順'입니다. 부드럽고〔柔〕 평화롭고〔和〕 착하고〔善〕 온순한〔順〕 말씨. 언제나 부드럽고 평화롭고 착하고 온순하게 말을 하며 살아가면 늘 편안하고 행복하게 살 수가 있습니다.

오늘날과 같은 물질 위주의 사회에서는 이익을 위해 강렬한 말을 하거나 교묘한 말을 하거나 약삭빠른 말을 하는 것이 꼭 필요하다고들 합니다. 하지만 이렇게 하여 이루어지는 일들은 오래가지 못합니다. 그 말의 생명력이 그지없이 짧기 때문입니다.

누구나 다 알고 있듯이 강한 말은 부드러운 말을 이기지 못하고, 욕설은 평화로운 말을 넘어서지 못하며, 못된 말은 착한 말을, 약삭빠르고 반항적인 말은 온순한 말보다 좋은 결과를 이루어 내지를 못합니다. 왜 이러할까요? '유화선순의 애어'가 자비이기 때문입니다.

평소에 부드럽고 평화롭고 착하고 온순한 말을 하게 되면 언제나 주위 사람들에게 기쁨을 주고 평화를 안겨줄 수 있게 됩니다. 나는 유화선순한 애어를 잃지 않았던 대표적인 분으로 늘 지월指月스님 (1911~1973)을 꼽고 있습니다.

✿

지월스님은 만년에 가야산 해인사에 주석하셨는데, 어떤 일이 닥쳐와도 사람들을 기쁘고 즐겁고 편안하게 대하였으며, 만나는 사람마다 '보살'이라 칭하면서 먼저 절을 하였습니다. 또 처음 출가한 행자들을 자청하여 관리하셨는데, 절대로 행자들을 꾸짖거나 탓하는 일이 없었습니다.

행자들이 밥을 짓다가 실수를 하여 꼬들꼬들한 고두밥을 드릴 때면,

"아, 구슬구슬한 것이 좋습니다."

죽밥을 드리면,

"노인들은 밥이 물썽해야 먹기가 좋지요."

짠 음식을 드리면,

"짭짤한 것이, 앞으로 살림을 잘하겠습니다."

싱거운 음식을 드리면,

"심심한 음식이 건강에 좋지요."

뜨거우면 따뜻해서 좋고 차가우면 시원해서 좋고, 스님께는 모든 것이 좋고 좋을 뿐이었습니다.

이러한 지월스님의 따뜻한 말씀 덕분에 행자들은 그 고된 행자시절을 기꺼이 치르고, 훌륭한 승려가 될 기틀을 마련하였습니다.

또한 지월스님은 해인사에 객스님들이 찾아오면 바랑을 들어주며 출가한 절과 은사에 대해 물은 다음 간절히 말했습니다.

"참으로 거룩한 도량에서 오셨고, 참으로 거룩한 스승을 두셨습니다. 이제 할 일은 공부뿐입니다. 우리에게 공부하는 것 말고 다른 무엇이 더 필요합니까?"

열 번이고 스무 번이고 진심에서 우러나오는 말씀을 되풀이 하셨기에, 스님과 대화를 한 승려들은 정성어린 그 말씀에 가슴이 뭉클해져 수행 정진할 마음을 더욱 다잡았다고 합니다.

§

이 지월스님처럼 부드럽고 평화롭고 착하고 온순하게 말을 하는 사람에 대해서는 누구도 미워할래야 미워할 수가 없고 화를 낼래야 화를 낼 수가 없습니다. 뿐만 아니라 그분의 말씀을 깊이 새겨 스스로를 살려가고 깨우쳐 나가게 되는 것입니다.

실로 유화선순한 애어 속에는 모든 복덕이 갖추어져 있으며, 모든 복덕은 이 애어로부터 발현하게 됩니다. 그리고 부드럽고 평화롭고 착하고 온순한 말을 하면서 살게 되면 어떠한 중생이라도 능히 감화를 줄 수 있고 교화를 할 수 있게 됩니다.

그런데 조금 알고 조금 가진 것이 있다고 하여, 유화선순은커녕 스스로 잘난 체하고 교만한 말 등을 내뱉는다면 어떻게 되겠습니까? 나의 장래가 암담해짐은 말할 것도 없고 다른 사람까지 그르치는 결과를 초래하게 됩니다.

사실 내가 제일 잘났다고 우쭐대거나 자신을 다른 사람과 비교하면서 교만 섞인 말을 하는 것처럼 어리석은 짓은 없습니다. 이와 같은 말은 발전을 가로막고 어둠을 증장시키는 지름길이 될 뿐입니다.

진정으로 우리가 향상하고 밝게 살고자 한다면 유화선순한 말을 해야 합니다. 부드럽고 평화롭고 선한 말과 함께 늘 '예' 하면서 살아가야 합니다.

유화선순한 애어. 이 애어야말로 우리 불자들이 갖추어야 할 근본이요, 행복한 삶을 여는 문이며, 해탈의 세계로 나아가는 지름길입니다.

불자들이여, 서로를 살리고 살아나게 하는 애어를

실천합시다. 상대방을 칭찬하고 존중해주는 말, 상대의 좋은 점을 자꾸자꾸 일깨워주고 기를 살려주는 말, 화합을 시키고 진실을 나누는 말을 하면서 살아갑시다.

애어愛語를 잘 성취하려면

실수를 감싸주고 덕담을 하자

나는 애어를 잘하기 위해서는 무엇보다 먼저 '실수를 감싸주는 말과 덕담을 많이 할 것'을 강조하고 싶습니다. 이것은 쉽게 할 수 있으면서도 상대에게 큰 힘을 줄 수 있기 때문입니다.

제주도 약천사에 계시는 혜인스님으로부터 예전에 들은 한 편의 미담부터 소개하겠습니다.

❀

강원도 영월에서 있었던 일입니다. 결혼을 하여 시댁으로 온 새 며느리가 첫 밥을 짓다가 밥을 태워버리고 말았습니다. 시집을 오기 전에 친정어머니는 딸에게 여러 차례 당부했습니다.

"첫 밥이 중요하다. 첫 밥이 살림살이에 대한 첫 인상이 되니, 어떻게 하든지 첫 밥에 신경을 많이 써야 한다."

이 당부의 말씀에 신경을 지나치게 쓴 것이 도리어 잘못되어 밥을 태우고 만 것입니다. 크게 당황하였으나 진지를 드실 시간이 다 되어 밥을 다시 할 수도 없었습니다.

하는 수 없이 며느리는 탄 내음이 물씬 나는 밥을 가족들의 밥상에 올렸습니다. 그리고 불호령이 떨어질 순간만을 안절부절 못하며 기다리고 있었지만, 꽤 시간이 지나도록 안방에서는 아무런 소식이 없었습니다.

이윽고 밥상을 물리는데 보니 시부모님의 밥그릇이 깨끗하게 비어 있었습니다. 며느리는 너무나 송구스러워 그 자리에 엎드려 사죄를 드렸습니다.

"첫 진지부터 큰 실수를 범했습니다. 마음껏 꾸짖어 주십시오."

그러자 시아버지는 며느리보다 더 미안한 표정을 지으면서 의외의 답변을 했습니다.

"아가, 네가 무엇을 잘못했다고 그러느냐? 마침 내

가 너에게 사과를 하려는 참이었다."

"예?"

"내가 지난 장날에 솥을 사러 갔었는데, 두께가 두꺼운 솥의 값이 비싸길래 얇은 솥을 골랐단다. 그랬더니 솥 장수가, '돈 몇 푼 아끼지 말고 두꺼운 솥을 사가시오. 솥이 얇으면 밥이 잘 탈거요' 라고 하는 거야. 그래도 그 말을 듣지 않고 얇은 솥을 샀더니 오늘이와 같은 일이 벌어지고 말았구나. 아가, 솥을 잘못 사온 내가 탄 밥을 먹는 것은 당연하다마는, 귀하게 자란 네가 이 집에 시집을 와서 첫날부터 탄 밥을 먹게 되었으니 진실로 면목이 없구나."

그때 곁에서 듣고 있던 시어머니가 대화에 끼어들었습니다.

"여보 당치도 않아요. 그것은 당신 잘못도 며느리 잘못도 아닙니다. 내가 시집을 왔을 때는 시어머니께서 첫 밥을 해주셨지요. 그때를 생각하면 이 첫 밥만큼은 내가 했어야 하는데, 며느리에게 다 맡겨놓은 채 안심하고 늦잠을 자는 통에 밥이 타버렸습니다. 모든 잘못은 나에게 있어요."

이번에는 곁에 있던 아들이 말을 받았습니다.

"아닙니다. 저 때문입니다. 제가 누룽지를 좋아한

다는 것을 어머니도 잘 아시지 않습니까? 오늘 아침에 이 사람에게 누룽지를 먹고 싶다고 하였더니, 이 사람이 누룽지를 많이 만들려고 하다가 밥을 과하게 태웠나 봅니다. 바쁜 아침부터, 그것도 첫 밥을 하는데 쓸데없는 부탁을 한 저의 허물이 큽니다."

시아버지 시어머니와 남편. 이 세 분이 자신의 실수를 감싸주는 말을 들으며 며느리는 말할 수 없는 화목함을 느꼈고, 자신이 해야 할 바가 무엇인지를 깨달았습니다. 그날부터 며느리는 시부모님을 친부모님처럼, 남편을 친 오라버니처럼 정성껏 받들어, 강원도 영월 땅에서 화목하기로 소문난 가정을 일구었다고 합니다.

§

서로를 배려하고 아끼는 애어가 가득하면 집안이 화목해지고, 집안이 화목하면 하는 일 마다 잘 성취됩니다. 왜일까요? 애어가 모든 것을 살려내는 자비심에서 비롯되기 때문입니다.

특히 실수를 감싸주는 부드러운 애어 한 마디. 이것이 상대에게 좋은 이미지를 각인시켜 줍니다. 상대방의 머리와 가슴에 좋은 이미지를 심어줍니다.

실로 마음 밭에 잡초의 씨를 뿌린 사람은 무성한 잡초들과 씨름을 하게 되고, 아름다운 꽃의 씨를 심고 유실수의 씨를 심은 사람은 아름다운 꽃과 값진 열매를 수확하게 되듯이, 부드럽고 따뜻한 말로 실수를 감싸주고, 편안함과 흐뭇함과 감사하는 마음의 씨를 심어주면 엄청난 결과가 나에게로 되돌아옵니다.

　뿐만이 아닙니다. 나의 따뜻한 말이 다른 이에게 확산이 되어, 모든 이들이 부드럽고 따뜻한 말을 하게 되면 이곳이 어디이겠습니까? 바로 극락과 같은 불국토입니다. 이 자리가 불국토로 바뀌는 것입니다.

　서로가 서로를 살리는 애어는 정직하고 진실한 말이요, 자존심을 상하게 하지 않는 화목한 말이며, 상대의 마음을 편안하게 해주는 말입니다. 한마디로 악담이 아닌 덕담이 애어입니다.

　실로 모양 없는 덕담 한마디가 듣는 사람에 따라서는 인생의 큰 힘이 될 수 있습니다. 상대를 살려주고 이 사회를 행복하게 만드는 큰 힘이 될 수 있습니다.

　상대의 자존심을 건드리지 않고 실수를 너그럽게 넘겨주는 덕담이야말로 나의 이미지를 좋게 만들고 상대를 내 사람으로 만드는 바탕이 된다는 것을 꼭 기억하시기 바랍니다.

남의 말 잘 들어주기

애어를 잘하기 위한 두 번째 조건으로는 '남의 말 잘 들어주기'를 꼽고 싶습니다.

혼자만 잘났고 성질이 고약한 사람들 중에는 자기의 말만을 절대적으로 여기고 다른 사람의 말은 들은 체도 하지 않는 이가 있습니다. 나아가 다른 사람의 이야기를 듣기도 전에 무조건 시비부터 거는 사람도 있습니다.

마치 시빗거리를 찾고나 있었다는 듯이, 그들은 누군가의 말이 끝나기도 전에 쏜살같이 쏘아붙이며 시비를 겁니다. 왜 그럴까요? 마음속에 불만이 가득 차 있거나 성격이 이상해져 있기 때문에 이와 같은 반응을 보이는 것입니다.

그런데 이렇게 남의 말을 잘 듣지 않거나 시비를 걸고 말싸움을 하게 되면 어떠한 결과를 초래하게 될까요? 서로 멀어지고, 서로 상처받고, 서로 증오하는 관계 속으로 빠져들게 됩니다. 뿐만이 아닙니다. 그의 성질은 더욱 이기적이 되고, 괴팍해지고, 이질적으로 변합니다.

실로 복된 삶의 길을 열고 깨달음을 이루는 대화를

원한다면, 상대와 나를 온전하게 살리는 대화를 하고
자 한다면, 상대의 말을 끝까지 잘 듣는 자세부터 길
러야 합니다. 자기와 반대되는 의견이 나올지라도 끝
까지 경청을 해야 합니다.

진정 서로가 서로를 살리는 애어에 필요한 것은 스
스로를 낮추는 겸손한 마음가짐과 남의 이야기를 잘
들어주는 자세입니다.

일전에 많은 사람이 애독하였던 『모모』라는 책을
보면, 주인공 소년 모모는 누가 어떠한 이야기를 하
더라도 다 들어주고 있습니다. 싸움을 한 두 사람이
서로 '내가 옳다'고 주장하면, 모모는 그 사람의 얼
굴을 바라보면서 고개를 끄덕이며 열심히 들을 뿐 아
무런 말도 하지 않습니다. 그러다보면 싸운 사람들의
마음이 저절로 풀어져 서로 악수를 나누고 돌아갑니
다.

이 모모와 같이, 우리는 '나'의 편견이나 주장을 비
우고 자비로운 마음으로 상대방의 말을 온전히 들을
줄 알아야 합니다. 마음을 비우고 잘 들어줄때 상대
방의 마음은 저절로 고요해지게 되고, 잘못이 있으면
스스로 깨닫게 되는 것입니다.

나아가 딴 생각을 하지 않고 상대방의 말에 귀를 기

울이면서 몰입을 하게 되면, 자연스럽게 깊은 유대감을 느낄 수 있게 됩니다. 정신을 딴데 두지 않고 마음을 비운 상태로 상대의 이야기를 듣는다면 차분하면서도 기분 좋게 잘 들어줄 수 있습니다.

그런데 대화를 할 때 보통은 어떻습니까? 상대방의 말을 듣든지, 딴 생각을 하든지, 이 둘 중의 한쪽일 경우가 많습니다.

바로 이것입니다. 잘 들어주는 것은 결코 어려운 일이 아닙니다. 딴 생각만 하지 않으면 됩니다. 상대방의 말에 집중만 잘하면 됩니다. 내 주관적인 생각을 머릿속에서 굴리거나, 대화와는 전혀 상관이 없는 번뇌 망상만 피우지 않게 되면 잘 들을 수 있습니다.

대부분의 사람들은 상대가 나의 이야기를 건성으로 듣고 있거나, 순간적으로 딴 생각을 하고 있다는 것을 느낀 적이 있을 것입니다. 그리고 나 자신도 딴 생각에 사로잡혀 상대방의 말이 귀에 들어오지 않았던 경우를 많이 경험했을 것입니다.

바로 그때 어떻게 됩니까? 상대방과 연결되어 있던 마음의 줄이 끊어져 버립니다. 왜 줄이 끊어졌는지를 확실히 알 수는 없지만, 끊어진 것만은 분명히 느낄 수 있습니다. 그리고 서로가 공허함과 불만을 느끼게 되고, 심할 때는 마음의 교류마저 끊어져 버리고 맙니다.

반대로 다른 일이나 떠오르는 생각에 정신을 팔지 않고 대화에 집중을 하게 되면, 그 순간은 서로에게 있어 매우 값진 경험이 됩니다.

특히 부부·아들딸·친구·동료에게는 이 집중이 매우 중요합니다. 집중하여 잘 들어주면 부부간의 사랑은 더욱 깊어지고, 아들딸들은 자신들이 부모로부터 사랑받고 있음을 느끼게 됩니다. 또한 동료나 친구들은 자신이 상대로부터 이해와 신뢰를 받는다고 생각하게 됩니다.

바로 이것이 서로가 서로를 살리는 애어입니다. 대화 속에 사랑이 녹아 있는 것입니다.

다시 한 번 정리하겠습니다. 애어는 무엇에서 비롯될까요? '집중하여 남의 말을 잘 들어주기'에서 시작됩니다. 함께 대화를 하는 그 순간에 집중하는 것이야말로 상대방과 나를 함께 살리는 더할 나위 없는 소중한 선물인 것입니다.

물론 이때, 집중하여 상대방의 말을 열심히 들어야지, 내 말이나 내 의견을 앞세우면 안됩니다.

서양 사람들은 가족 간의 대화를 매우 중요시합니

다. 그리고 속마음을 적극적으로 표현합니다. 진정한 대화는 서로의 마음을 통하게 만듭니다. 사랑의 마음으로 상대를 느끼고 이해하고 위해주기 때문입니다.

사회가 서구화됨에 따라 우리의 가정에도 대화가 많아지고 있습니다. 참으로 좋은 현상임에는 틀림이 없습니다. 속에 넣어두지 않고 토해냄으로써 내면에 쌓일 응어리를 없앨 수 있기 때문입니다.

그런데 이 대화가 문제를 일으킬 때도 있습니다. 사랑의 마음으로 그 대화를 이해하기만 하는 것이 아니라, 때로는 나의 자존심과 이기심과 교만과 고집을 불러일으켜, 말로써 말을 되받고 말꼬리를 잡아가기도 하기 때문입니다.

만약 대화를 하다가 마음과는 달리 그릇된 쪽으로 말꼬리가 이어지게 되면 계속 말을 하려고 하지 마십시오. 오히려 말을 멈추고 침묵하십시오. 때로는 침묵이 최상의 언어가 됩니다.

가만히 침묵을 지키며 상대방의 감정과 느낌을 되돌아보십시오. 단 2분, 단 5분이라도 침묵하면서 상대방, 곧 부모에 대한 생각, 아이들에 대한 생각, 배우자에 대한 생각, 친구·동료에 대한 생각을 해보십시오. 그리고 그 사랑하는 사람에게 내가 어떻게 하